U0682106

新三板融资
从入门到精通

方少华 编著

清华大学出版社

北 京

本书封面贴有清华大学出版社防伪标签，无标签者不得销售。

版权所有，侵权必究。侵权举报电话：010-62782989　13701121933

图书在版编目(CIP)数据

新三板融资从入门到精通 / 方少华编著. -- 北京：清华大学出版社，2016
ISBN 978-7-302-44123-6

Ⅰ. ①新… Ⅱ. ①方… Ⅲ. ①中小企业—企业融资—研究—中国 Ⅳ. ①F279.243

中国版本图书馆 CIP 数据核字(2016)第 133723 号

责任编辑：张立红
封面设计：张　宽
版式设计：方加青
责任校对：郭熙凤
责任印制：沈　露

出版发行：清华大学出版社
　　　　　网　　　址：http://www.tup.com.cn，http://www.wqbook.com
　　　　　地　　　址：北京清华大学学研大厦 A 座　　　　　　邮　　编：100084
　　　　　社 总 机：010-62770175　　　　　　　　　　　　邮　　购：010-62786544
　　　　　投稿与读者服务：010-62776969，c-service@tup.tsinghua.edu.cn
　　　　　质 量 反 馈：010-62772015，zhiliang@tup.tsinghua.edu.cn
印 装 者：北京嘉实印刷有限公司
经　　销：全国新华书店
开　　本：170mm×240mm　　　印　　张：10.5　　　字　　数：171 千字
版　　次：2016 年 6 月第 1 版　　　印　　次：2016 年 6 月第 1 次印刷
定　　价：39.00 元

产品编号：070317-01

前　言

　　"新三板"是从早期的"中关村科技园区非上市股份有限公司代办股份报价转让系统"演变过来的，是我国资本市场逐步发展完善的历史见证，更是打造中国多层次资本市场的重要组成部分。

　　第一章是本书的基础，主要围绕新三板的历史渊源和多层次的资本市场市场体系展开，介绍了法人股的由来，"两网"的盛衰，三板市场的发展历程，主板、中小板、创业板和场外交易市场等，为广大读者正确了解新三板基础知识以及当下国内资本市场层级做了应有的讲解。

　　第二章分别从国家宏观政策、金融体系、企业自身素质三个方面对中小企业融资现状和融资困难的原因进行分析。此外，还详细介绍了股权融资、债权融资、动产抵押融资、无形资产质押融资和供应链融资五种中小企业的融资途径，并结合相关经典案例，以通俗易懂的方式向读者做了全面的展示。

　　第三章详细介绍了新三板的各种融资方式，并结合具体的案例进行了详细的解读和说明。

　　第四章主要阐述新三板转板和展望。首先，论述转板制度的必要性，列举了七家中关村新三板公司的成功转板案例。随着日后转板机制的逐步成熟，转板企业将以新三板公司的身份择机在场内市场公开发行；同时，新进的符合条件的新三板挂牌公司也会在成熟的转板机制下陆续转板。新三板有望成为国内A股主板和创业板市场的"孵化器"，向公开市场源源不断地输送优质上市公司。其次，分析新三板的发展前景，新三板在完善资本市场功能方面起着关键性作用，2016年将有望迎来多项重磅政策。

　　作为我国多层次资本市场的重要组成部分，新三板备受瞩目，很多关于新三板的优秀书籍也给读者提供了全面的讲解与生动的描述。本人有幸能够将自己对新三板融资的学习和实践过程中积累的知识和经验分享出来，衷心希望此书能对广大的中小企业、企业管理相关人员、个人投资者、业界同仁甚至整个社会有所帮助和启发。

　　此刻，我也衷心感谢我的家人和朋友，包括胡颖颖、方泓亮、刘坤、方云华、成红、方嫦娥、胡经海、胡浩、胡方文、陶朝晖、金晓斌、朱颖峰、赵敏、叶晓林、张池琦、罗鸣、陈欣、杨智巍、刘江瑜、杨海生、罗会远、秦子杰、史雪飞、彭超等，感谢他们的理解与支持。由于能力和水平等各种因素所限，书中不足在所难免，欢迎批评指正。

方少华

目　录

第一章　新三板概述

第一节　新三板缘起···2

一、新三板的历史渊源···2

二、三板市场的发展历程···5

三、三板市场的今生："新三板"···································7

第二节　多层次资本市场···9

一、多层次资本市场的构成···9

二、多层次资本市场的功能···11

三、我国多层次资本市场方兴未艾·······························14

第二章　中小企业融资

第一节　中小企业融资概况···18

一、中小企业融资现状···18

二、中小企业融资难的成因···19

三、解决中小企业融资瓶颈的对策·······························23

第二节　中小企业融资途径···29

一、股权融资···29

二、债权融资···37

三、动产抵押融资···51

四、无形资产质押融资···58

五、供应链融资···66

第三章　新三板融资方式

第一节　定向增发 ·· 76

一、新三板挂牌企业的定向增发概况 ························· 76

二、PE/VC 参与定向增发市场情况分析 ····················· 84

三、定向增发经典案例：九鼎投资（430719） ·············· 85

四、定向增发经典案例：联讯证券（830899） ·············· 88

五、定向增发经典案例：行悦信息（430357） ·············· 89

第二节　做市商制度 ·· 91

一、实行做市商制度是新三板发展的内在需求 ··········· 91

二、做市经典案例：凌志软件（830866） ··················· 97

三、做市经典案例：万绿生物（830828） ··················· 99

四、做市经典案例：海容冷链（830822） ··················· 100

第三节　协议转让 ·· 103

一、协议转让的概念及方式 ·································· 103

二、协议转让经典案例：秋乐种业（831087） ·············· 104

三、协议转让经典案例：中搜网络（430339） ·············· 107

第四节　优先股 ·· 112

一、优先股与企业融资 ·· 112

二、优先股试点带来的价值 ·································· 116

三、优先股经典案例（主板）：晨鸣纸业（000488） ········ 117

第五节　股权质押贷款 ·· 120

一、股权质押融资基本概念 ·································· 121

二、我国股权质押贷款面临风险和现状 ····················· 123

三、股权质押经典案例：鄂信钻石（830925） ·············· 125

四、股权质押经典案例：中讯四方（430075） ·············· 128

五、股权质押经典案例：优炫软件（430208） ·············· 129

第六节　私募债 ·· 130

一、私募债概述 ·· 131

二、私募债风险管理及发行意义 ···························· 133

三、私募债经典案例：百慕新材（430056）·····················136

四、私募债经典案例：九恒星（430051）·····················139

第四章 新三板转板及展望

第一节 新三板转板··142

　　一、建立转板制度是大势所趋·····························142

　　二、中关村经典转板案例···································145

第二节 新三板的展望··150

　　一、新三板存在意义·······································150

　　二、新三板——中国的纳斯达克···························151

　　三、"竞价交易+分层管理"的发展构想·····················151

　　四、适当降低个人投资者准入门槛·························152

　　五、非券商机构参与做市开闸·····························153

　　六、转板制度有望落地···································154

　　七、监管层适当放宽审核尺度·····························154

　　八、新三板注册制可期···································155

　　九、新三板指数有望推出·································156

　　十、保荐付费创新·······································156

后　　记··157

参考文献··159

第一章
新三板概述

第一节
新三板缘起

　　"新三板"是业界对"中关村科技园区非上市股份有限公司代办股份报价转让系统"的通俗称谓。本节主要围绕新三板的历史渊源展开，介绍了法人股的由来、"两网"的兴衰、三板市场的发展历程、新三板的诞生以及其作用和意义，有助于广大读者对新三板的发展有一个清晰的认识。

一、新三板的历史渊源

1. 法人股的由来

　　20世纪90年代，一大批老的国有企业陷入经营困境，为了挽救这些国企，中央出台了一系列政策鼓励国有企业开展股份制改革。

　　为了推动国企股份制改革，同时保持企业的国有性质，减少和避免国有资产流失，国家经济体制改革委员会（简称国家体改委）在改制中设立了法人股，向企业法人和内部职工进行定向募集，并且限制这一部分股份在二级市场上的流通。然而，由于股权不能转让和交易，法人机构的投资出现难收回和无法变现的问题，致使有些企业改制后没有达到资源的合理配置。

　　法人股成为我国资本市场一大特色的同时，也成为我国资本市场建设中不得不解决的历史遗留问题。针对这种情况，当时专家们认为，建立法人股流通市场可以从根本上改善我国证券市场的结构，为未来进一步发展适合我国国情的资本市场创造了有利条件。

2. "两所两网"新格局的形成

　　中国证监会成立之前，国家体改委负责国有企业股份制改革相关工作。

在建立法人股流通市场的呼声日渐高涨的背景下，国家体改委于1992年7月批准中国证券市场研究设计中心主管的全国证券交易自动报价系统（Securities Trading Automated Quotaions System，STAQ）为指定的法人股流通市场。STAQ是一个依托计算机通信网络进行有价证券交易的综合性场外交易市场，系统中心设在北京，连接国内证券交易活跃的大中城市，有效地加强了异地证券机构间的沟通，推动了全国证券市场的发展。STAQ系统的建立，为会员公司提供有价证券的买卖价格信息以及结算等方面的服务，使分布在各地的证券机构能安全、有效、高效地开展业务。据统计，在STAQ初始运行的三个月内，法人股市场异常火热，机构投资者由开始的200家左右迅速增加到1200余家，覆盖了全国20多个省市。

在STAQ法人股市场建立半年多以后，NET（National Electronic Trading）法人股市场于1993年4月28日在北京正式开通。NET市场经国务院主管部门批准，由国泰、南方、华夏三大证券公司及中行、央行、建行、工行、农行、交行和人保公司共同出资组建。至1993年底，NET系统里上市公司数量达到7家，会员公司近500家，开户机构投资者约32000家，累计交易金额高达220亿元。至此，STAQ与NET的法人股市场形成"两网"，与深沪个人股市场遥相呼应，开拓了中国证券市场"两所两网"的新格局。

法人股市场建立初期，政策还不明朗，信息不对称问题较为严重，投资者对于法人股市场的了解并不多，参与并不积极。虽然在发展初期法人股市场规模还比较小，但其巨大的发展潜力却已显现。以STAQ市场为例，1992年7月开通后的半年时间里，入市机构的数量一直保持在较低水平，并且与个股走势大多相似，均呈现出初上市涨幅较大、但很快被"原始"获利盘压下的状况。进入1993年，随着长沙、杭州、成都等地柜台业务的推动，STAQ市场成交量开始有了温和的放大，股价稳步上扬。与此同时，NET市场的获准开通，也为处于试点状态的法人股流通拓宽了道路，并大大激发了STAQ市场投资人的热情。发展至此，"两网"的投资者构成已非单一的机构法人，众多个人股民已通过不同方式开设账户，大批量涌入法人股市场。

随后，法人股市场一路攀升，并创造出令投资者或其他业内人士都难以置信的历史最高纪录。过热的经济增长严重扰乱金融领域的正常秩序，"两市"股价创出天价后，大市开始迅速掉头回落。中国证监会进行治理整顿，严格清查金融机构的资金流向，于1993年5月20日，对两系统发布了"暂缓审批新的法人股挂牌流通"的指示。同年6月21日，正式发布了"暂停新股审批上市"的公告。

在很长一段时期内，多数人认为"暂停新股审批上市"仅是在为当时宏观经济过热的情况下国家为整顿金融秩序所实施的一时之举。然而，监管层除了暂停首次公开募股（Initid Public Offerings，简称IPO）之外，并没有采取其他措施。

所谓的"法人股流通转让办法"最终也没能出台，除了暂停新股上市之外，监管层对法人股市场也没有其他任何新的指示。1998年4月，国家开始整顿场外非法交易市场，文件《国务院办公厅转发证监会关于清理整顿场外非法股票交易方案的通知》中将非上市公司股票、股权证交易视为"场外非法股票交易"，予以明令禁止。随后STAQ、NET系统也相继关闭，大量资金被套其中。

法人股市场建立时就存在法制空白、体制不健全等问题，当初，《公司法》《证券法》均未出台，甚至连证监会都尚未成立，很多事情都是"摸着石头过河"，市场今后的发展与完善只能一步一步摸索研究，不断吸取教训总结经验。

新兴事物能否快速发展，在发展过程中能否逐步规范，与管理层的水平密切相关，管理层的成熟程度是在实践中不断提升的，经验的积累有助于改善管理方法和制度。

3. 存在的问题与出路

在STAQ系统和NET系统挂牌交易的公司或多或少存在一些问题，较为知名的"广州电力"和"海南航空"事件给投资者造成了一定程度的损失。事实上，两交易系统本身的发展已陷入两难境地，市场参与各方都存在诸多不满。但在这些不满的背后有一点是毋庸置疑的，即在市场建设的初期，的确有一批企业在此成功融资，大大地促进了企业的发展。

鉴于场外市场存在诸多乱象，相关部门于1998年开始清理整顿工作。为做好善后工作，国务院有关文件提出了公司可买回自己的股票或被其他企业回购、将公司的股票转为债券抑或通过推荐使公司在A股市场上市等一系列解决措施。无论是对企业自身还是对投资者而言，推荐公司到A股上市的方案无疑是最受欢迎的。

其实，国家管理层当时已经制定了相关原则和政策，责成当地政府根据各家公司的实际情况制定解决方案，要求最大限度地保护两市场流通股持有者中自然人投资者的利益。换言之，一些拥有较差质量资产的公司，将会被另一家公司收购其流通法人股，进而达到上市的目的。

此外，公司以约定的价格赎回原流通法人股部分的这一解决措施也迟迟没有实施，相较于其他方案来说，其难度在于公司方面是否有足够的现金并且以合理的价格将股票从发散在全国各地的投资者中赎回。如何合理定价也是问题之一。

二、三板市场的发展历程

STAQ系统和NET系统的法人股市场由盛转衰，暴露出了众多问题。而三板市场的出现，不仅妥善解决了原STAQ系统和NET系统的遗留问题，还弥补了证券市场的结构性缺陷。

1. 三板市场的起源与发展

2000年，我国产权交易市场迎来了发展契机，"非上市股份有限公司股权登记托管业务"重新得到肯定，许多地方政府开始恢复和重建产权交易所，并加以规范管理。全国各地具有产权交易性质的技术产权交易市场拔地而起，这些交易机构全部由当地政府部门牵头发起设立，如上海、北京、深圳、成都、西安、重庆等，很多地方的产权交易所出现了联合、整合的趋势。

2001年6月12日，中国证监会批准并由中国证券业协会发布《证券公司代办股份转让服务业务试点办法》，代办股份转让系统正式推出，主要目的是解决主板退市问题以及原STAQ系统和NET系统内存在的法人股历史遗留问题。代办股份转让系统是一个以证券公司及相关当事人的合约为基础，依托证券交易所、登记结算公司的技术系统和证券公司的小型服务网络，以代理客户买卖挂牌公司股份为核心业务的股份转让平台，股票来源基本是原NET系统和STAQ系统挂牌的不具备上市条件的公司和从沪深股两市退市的公司。

2001年7月16日，三板市场正式成立。因该市场是相对于传统意义的一板（主板）、二板（创业板、中小板）而言，故称为三板市场。当时在三板市场由指定券商代办转让的股票共有14只，其中包括水仙、粤金曼和中浩等退市股票。至此，三板市场妥善解决了原STAQ系统和NET系统挂牌公司流通股的一系列转让问题，起到了承接主板的退市股票，在特定时期化解了退市风险，弥补了证券市场的结构性缺陷。

2. 三板第一家：世纪瑞尔

北京世纪瑞尔技术股份有限公司成立于1999年，主要生产监控设备、电子产品、计算机软硬件、工业自动化设备、通信及网络产品等，并且为工业产业信息化提供系统的解决方案，为铁路、电信、电力领域提供自动化监控和综合信息处理等服务，曾为京九线综合控制系统、秦沈客运专线的自动化系统、西合线综合管理系统、郑州及上海等铁路局通信资源管理系统的国内主要铁路干线信息化提供解决方案。

2006年12月，公司在三板市场成功挂牌，股份代码430001。2009年9月9日，世纪瑞尔定向增发2000万股，其中1400万股由国投高科、启迪中海、启迪明德和清华大学教育基金会认购，600万股由原股东按持股比例配售，发行价格为4.35元/股。公司于2010年成功定向增发，融得资金8700万元。企业具有一定的知名度并且经营状况良好，自成立以来业绩一直持续稳定的增长，股份长期受到市场欢迎。作为第一家股份转让平台进行大宗交易的公司，世纪瑞尔交易最为活跃，截至2010年2月，企业共有265笔交易，平均交易价格为6.95元，成交金额总计约1.3亿元。

世纪瑞尔的上市进程却是一路坎坷。2006年11月，公司发布公告称所递交的中小板挂牌上市申请已得到证监会受理，但一年之后公司却以"时机不成熟"为由主动撤回申请。直到2010年12月13日，世纪瑞尔终于成功登陆创业板，首次发行价格为每股32.99元，实际募资净额为11亿元，其中超募资金8.47亿元，全部用于公司主营业务相关的项目及主营业务发展所需的营运资金，宣告世纪瑞尔正式完成了从中关村"新三板"向创业板的转变，而这一过程整整耗费了四年时间。尽管路程有些坎坷，但世纪瑞尔的股东们却获益颇丰，尤其是当年参与公司定增的股东，在转板之后都赚得盆满钵满。

三、三板市场的今生："新三板"

在特定历史时期，三板市场发挥了巨大作用，不仅起到了化解退市风险的作用，还有助于弥补证券市场的机构性缺陷。但为了让更多成长型企业能够登陆资本市场，进行股份转让，中关村科技园区非上市股份有限公司股份报价转让系统于2006年1月23日正式推出。从此，我国逐步形成了包含主板、创业板、场外柜台交易网络和产权市场在内的多层次资本市场体系。

1. 新三板概况

为了改变"旧三板"挂牌企业数量有限且质量不高的局面，证监会、国家科技部共同批准设立中关村科技园区非上市股份有限公司股份报价转让系统，该系统于2006年1月23日正式推出，采用全国股份转让系统平台，共72家券商获得主办券商资格。新三板基本职能是为非上市公司进行股份公开转让提供一个融资、信息技术交流和培训服务的平台。值得一提的是，新三板与"旧三板"最大的不同点在于新三板采取配对成交的交易方式，设置30%上下幅度的限制，超过幅度时要求披露买卖双方信息。

新三板市场于2012年进行第一次扩容，试点区域新增上海张江高新技术产业开发区、武汉东湖新技术产业开发区和天津滨海高新区。2013年底，新三板市场第二次扩容，突破高新区限制：凡是符合挂牌条件的企业都可以选择在新三板挂牌。新三板建立并进一步扩容后带来了众多积极作用：

第一，为企业提供融资便利。企业挂牌新三板后可以通过定向增发开展股权融资，通过发行公司债、可转债、中小企业私募债等方式开展债权融资。

第二，为企业股票提供转让场所，提升其流动性。做市商制度推出后，有助于企业股票公允定价，体现股份价值。

第三，有助于企业留住人才，稳定发展。挂牌企业可以通过股票和期权等方式来对员工和管理层进行有效的激励，以此吸引和留住人才，激发员工的工作热情，增强企业的发展潜力。

第四，有助于企业规范经营，提升管理水平。企业挂牌新三板的过程也是自身完善的过程，专业中介机构参与其中，为企业提供各方面的建议，帮助其健康发展。

第五，扩大企业知名度，提升品牌价值。新三板挂牌公司这一头衔有利于企业开展业务，为企业带来多方面的便利。

除上述利好之外，新三板还有其他的作用及影响。首先，新三板的存在，使得价值投资成为可能。无论什么类型的投资者，短期内收回投入的资金价值不高，因此对新三板公司的投资更适合以价值投资的方式。其次，股份报价转让系统的存在，为私募股权基金增添了新的投资标的，并拓宽了资本退出渠道。但是，新三板作为中国资本市场的一个新层级，随着未来挂牌公司数量的增加和融资规模的扩大，会对主板产生一定的资本分流。

2. 新三板和上海股权托管交易中心的区别与联系

上海股权托管交易中心经上海市政府批准设立，归上海市金融服务办公室监管，遵循中国证监会对中国多层次资本市场体系建设的统一要求，是上海市国际金融中心建设的重要组成部分，也是中国多层次资本市场体系建设的重要环节。

"新三板"与"上海股权托管交易中心"同属于场外市场，两者既是竞争关系，又是互补关系。新三板和上海股权托管交易中心详细比较如表1-1所示。

表1-1   新三板和上海股权托管交易中心比较

项目	全国中小企业股份转让系统"新三板"	上海股权托管交易中心
市场层级	属于OTC场外市场（三板），2006年成立于北京中关村	属于OTC场外市场（三板），成立于2008年后，天津、上海、浙江、武汉、重庆等各地股权交易市场
上级主管部门	中国证监会	上海市政府和上海证券交易所
企业存续期	2年	1年
股份制改制	股份制	股份制
股东人数	可以超过200人	200人以内
投资群体	机构投资者、个人投资者（300万元的资产证明）	机构投资者、个人投资者（50万元的资产证明）
业绩要求	无盈利要求，但主营业务突出，有持续经营能力。由于全国放开，会对企业有潜在的财务要求	无盈利要求，主营业务独立，有持续经营能力
审核备案机构	全国股份转让系统审核备案	上海股权托管交易中心审核，上海金融办备案
挂牌时间	6个月	3个月

（续表）

项目	全国中小企业股份转让系统"新三板"	上海股权托管交易中心
挂牌成本	120万元～200万元	100万元～150万元
挂牌通过率	高（券商对企业的质地有更高的要求）	高（上海股权交易中心会辅导挂牌成功）
挂牌影响力	高，时间早，知名度高；拥有独立的交易机制	高，虽进入时间迟，属新兴市场，但规范性为业内翘楚，受到市场和投资人特别是专业投资者的广泛认可
融资方式	定向增发、股权质押、信用贷款	定向增发、股权质押、信用贷款、中小企业债
融资能力	平均每家企业融资额2000万元	平均每家企业融资额3000万元
挂牌后股份交易数量	每月每家企业40万	每月每家企业230万
推荐机构	券商	私募（可提供立体融资服务）、银行、券商
挂牌后定增股权流通	锁定期为1年	锁定期为6个月
转板通道	未来具有转板可能性，但要等相关法规出台	转板价值不大，转板形式大于实质，不推荐转板
财政支持	有	有

资料来源：全国中小企业股份转让系统

第二节
多层次资本市场

资本市场的参与方对资本市场提供的金融服务有不同的需求。投资者与融资者对投融资服务的多样化需求决定了资本市场应该是一个多层次的市场体系。成熟的多层次资本市场，应当具备同时为所有规模类型的企业提供融资平台和股份交易服务的能力，在市场规模上体现为"倒三角"结构。

一、多层次资本市场的构成

我国资本市场从20世纪90年代发展至今，已经形成了主板、中小板、创业板、三板（含新三板）、区域性股权交易市场、证券公司主导的柜台市场等多种股份交易平台，具备了多层次资本市场的发展条件。

1. 主板市场

主板市场是多层次资本市场体系最重要的组成部分，主板市场发展水平高低是一国整体经济发展情况的展现。我国上海和深圳两家证券交易所是开办最早、规模最大、上市标准最高的市场，在主板上市的企业多为大型成熟企业，资本规模大且盈利能力较为稳定。

2. 中小板市场

经国务院批准，中小板市场于2004年5月17日正式设立。中小企业在发展初期急需资金支持，中小板的设立为这类企业提供了融资平台，有利于缓解中小企业融资难的问题。中小板设置的上市条件和运营规则与主板较为接近，对中小企业来说门槛较高。

3. 创业板市场

创业板市场于2009年3月31日正式设立，与中小板市场一样，也由深圳证券交易所承办，是地位次于主板市场的二级证券市场。

创业板设立的初衷是为创新型和高成长型企业服务，为此类企业提供股份交易场所，同时为创业投资机构提供退出的途径。创业板的设立进一步促进了我国多层次资本市场的完善。

4. 场外交易市场

（1）新三板市场。

新三板市场于2013年正式扩容，扩容后挂牌企业数量不断增多，各项配套制度也不断完善，新三板在支持中小企业发展方面也初见成效。新三板挂牌条件较主板和创业板来说较为宽松，鼓励中小企业登陆新三板，开展融资活动。新三板挂牌企业涵盖行业较为广泛，这其中属于新兴产业的企业数量居多，新三板服务新经济、支持创新创业的作用较为明显。

新三板制定灵活的政策为企业融资和资本运作带来便利。在股票发行和并购重组方面，实行事后备案和信息披露监管，为挂牌公司创造了宽松的环境。截至2014年12月12日，挂牌公司总共完成了280次股票发行，融资金额

119.67亿元，是2013年全年股票融资金额的11.6倍，平均单笔融资额4273.86万元。与此同时，挂牌公司并购重组渐趋活跃。

（2）产权交易市场、股权交易市场。

区域性股权交易市场是为特定区域内的企业提供股权、债券的转让和融资服务的私募市场，一般以省级为单位，由省级人民政府监管，是我国多层次资本市场的重要组成部分。对于促进中小微企业融资和股权交易、盘活民间资本和鼓励科技创新、加强对实体经济薄弱环节的支持，具有积极作用。

目前全国建成并初具规模的区域股权市场有上海股权托管交易中心、前海股权交易中心、广州股权交易中心、浙江股权交易中心、江苏股权交易中心、青海股权交易中心、天津股权交易所、齐鲁股权托管交易中心、武汉股权托管交易中心、重庆股份转让中心、大连股权托管交易中心、海峡股权托管交易中心等十几家股权交易市场。

二、多层次资本市场的功能

完善的多层次资本市场有助于提升企业的经营能力和管理水平，为各层次的企业提供融资途径，为投资者提供退出通道，更有助于避免由上市公司风险特征加大、风险揭示能力下降而造成的市场风险。

1. 完善金融体系

多层次资本市场是资本市场发展的目标，也是金融体系改革和发展的基础。20世纪90年代初期，上海证券交易所和深圳证券交易所相继成立，经过十多年的改革和完善，已经形成了围绕股权和债券两大类型的多级别金融产品。金融市场的参与者也发展成包含金融中介机构、证券交易所和证券监管机构等在内的有机整体，促成了多边相互支持相互制约的局面，初步形成了健全的全国性资本市场体系。多层次资本市场在满足资本市场上资金供求双方多层次化要求、提高上市公司的质量、维护金融安全等方面发挥了非常重要的作用。

然而，我国资本市场存在的体制性问题严重制约了市场功能的有效发挥，主要包含两方面：一是A、B股的分割，流通股与非流通股的分割；二是市场发育的不完善，缺乏一个安全、高效的多层次资本市场体系。成熟的资本市场，不仅要有证券交易市场，还应该包括场外交易、直接的产权转让和柜台交易等多种资本交易形式，而证券交易所内部又细分为包括主板和创业板市场的证券集中竞价交易、非流通股转让和大宗交易等资本运营的平台。

2. 促进经济发展

大型国有企业和个人创业的小微企业都是促进我国经济发展不可或缺的力量，而不同类型的企业期望从资本市场获得的支持也不尽相同，多层次的资本市场有助于满足不同企业的需求，在促进企业发展的同时推动我国经济的发展。

多层次资本市场也有助于改善经济二元结构，促进落后地区企业和小微企业的发展，有利于经济的均衡发展。以企业向商业银行申请贷款为例，大型国企往往得到银行青睐，而中小企业却很难得到银行的资金支持。而完善的多层次资本市场可以通过调整直接融资和间接融资结构来改变这种局面。

我国经济状况的复杂性，决定了企业直接融资问题的解决不可能仅仅依靠主板市场而必须依赖多层次的资本市场，因此，多层次资本市场的建设必然推动融资结构的调整和创新。20世纪90年代中期以后，我国金融体系中出现资金相对过剩和相对短缺并存的格局，其中的一个重要原因就是缺乏一个多层次的资本市场。直接融资以及中小企业的需求被金融体系忽视，间接融资过于依赖银行体系，而银行过度倾向大型企业。

3. 推动资本市场健全发展

我国经济存在严重的横向结构与纵向结构的失衡现象。横向结构失衡是指我国传统产业获得了大量的资金支持，而高科技产业得到的资金支持有限。纵向结构失衡表现在我国较高的储蓄额度没有转化为投资，吸收了大量存款的银行系统经常面临巨额的外汇储备和较大的存差，多数资金投向了国外短期低利国债，这使得资金不能得到有效配置。

多层次资本市场的完善能够整合中国金融市场的资源，降低其分割程度，进而加快下一步金融改革，有助于构建一个多层次的、具有良好流动性的资本市场。

多层次资本市场的发展有助于推动监管体制的完善。监管层有必要明确中央和地方监管职能，双方协同合作，共同提升监管水平。由于不同层次资本市场有其不同特点，监管部门应针对相应市场的特点制定与其对应的监管策略，做到有的放矢，这样才有利于市场的协调发展。

4.满足资本市场上资金供求双方的要求

建立和完善的多层次资本市场，能够满足不同投资者的投资需求。根据风险偏好的不同可以对投资者进行简单分类，风险追逐型投资者倾向投资高风险、高回报的股票；风险中立者会选择购买风险程度适中、预期回报率相对稳定的股票；风险规避者则可能去购买风险程度相对较低的国债。

发展阶段不同、风险承受能力不同的企业对股权融资的需求也不尽相同。对于较成熟的大公司，由于其存续期长、经营稳定，对投资者具有很大的吸引力；相比而言，中小型企业特别是处于初创阶段的企业股权，对投资者而言具有太多不确定因素和较大风险，因此这种类型公司要在主板市场融资是不太容易的。

由于多方面因素，我国资本市场的发展呈现高度集中化，在交易过程中大多市场资源会流向具有优势的少部分融资企业。特别是在我国"服务国企"的主流思想下，中小企业在金融市场中易受到"排挤"。而它们的融资需求又是刚性的，特别是在快速发展阶段。所以，定位于为中小企业服务的"新三板"无疑为这个问题提供了一个好的解决办法。

5.提高上市公司的质量

从非证券资本市场到证券资本市场，从场外市场到创业板市场、主板市场，伴随着入市标准逐步严格，企业素质层层提升，实质上也为市场提供了一个有效的筛选机制。同时，创造这样一种优胜劣汰机制，既有利于保证挂牌公司的水平与其所在市场层次一致，又能促进上市公司努力改善经营管理水平来提高质量。一方面，在下一层级市场上挂牌交易的企业经过不断提升实力，优秀企业继而涌现，从而进入上一层级市场交易；另一方面，对于已经无法达到某一层级挂牌要求的企业，则会通过退出机制，选择退市或者转板到下一级市场交易。

6.防范和化解我国的金融风险

提高直接融资在金融体系中的比例有利于降低系统性风险。若间接融资占比过高，一旦实体经济遭遇困难，容易导致银行坏账泛滥，沉重打击金融体系。当前，我国融资结构仍以间接融资为主，直接融资比例还比较低。多层次的资本市场可以改善上市公司质量、满足市场参与者多元化的投资需求，从而吸引资金进入资本市场，提高直接融资比例，降低高杠杆金融风险。

三、我国多层次资本市场方兴未艾

我国资本市场发展还不成熟，存在诸多问题，在这样的背景下，建立多层次资本市场不能急于求成，要循序渐进、逐步完善。在建立多层次资本市场的过程中，要妥善处理改革、发展和稳定的关系。从法律制度、风险控制制度等多方面着手，采取具体措施，促进多层次资本市场的建立。

1. 完善的法律制度为资本市场建设提供保障

多层次资本市场的建设要以完善的法律制度为前提，而我国现行的《证券法》不利于建立和发展多层次资本市场体系。法律制度创新尤为重要，只有建立完善的法律制度，才能够从根本上保障多层次资本市场的良性发展。

与我国场外交易市场相匹配的法律法规还未能建立，法律的缺失严重制约了场外交易市场的发展，影响其解决中小企业融资难的问题。建立配套法律体系迫在眉睫，相关法律法规应着眼于规范公司的信息披露，保证信息披露的准确性。

2. 风险控制促进多层次资本市场建设稳步推进

风险控制在构建多层次资本市场的过程中尤为关键。多层次资本市场包含多个子市场，不同子市场中投资者的风险偏好不同，有的投资者属于风险厌恶型，有的投资者则更偏重于投机，要针对不同市场建立与之相对应的风险控制体系。

不同层次市场功能的合理定位，在建设多层次资本市场的过程中也尤为重要。场内市场与场外市场所针对的企业有所不同，二者只有互相配合、互为补充，才能更好地发挥资本市场对实体经济的支持作用，从全面的视角去审视各层次资本市场的定位，有利于多层次资本市场的完善。

除此之外，多层次资本市场的发展会改变当前金融体系的固有格局。当前我国金融体系中，间接融资占据主导地位，直接融资的比例还比较低。而间接融资中商业银行占据主导地位，实际操作中，银行贷款向国有大型企业倾斜。多层次资本市场的发展会对现有的利益格局形成一定程度的冲击。

3. 建设多层次资本市场的具体措施

第一，加强各交易所之间的相互竞争，促进交易所的自我完善。证监会应将更多的权利下放到交易所，鼓励拟上市公司自主选择上市交易所，形成交易所相互竞争的局面，有利于活跃市场、提高效率。

第二，加强投资者教育，降低市场风险。相比于主板市场，场外市场的风险较大，在投资者的准入方面要更加谨慎。投资者应该充分认识到场外市场蕴含的潜在风险，避免因风险估计不足而遭受巨大损失。

第三，完善配套制度，促进市场发展。场外市场的配套制度包括做市商制度、转板制度、退市制度等。场外市场的准入门槛较低，数量众多的公司给投资者选择带来了较大困难，经验丰富的券商从众多企业中选取优质企业做市给投资者很好的参考，完善做市商制度也有利于市场流动性的改善。而转板制度和退市制度也能够起到活跃市场的作用，为市场引入活水。

第二章
中小企业融资

第一节
中小企业融资概况

改革开放以来，我国中小企业如雨后春笋般涌现，为社会提供了众多就业机会，贡献了巨额税收，为促进我国经济发展做出了巨大贡献。但由于我国经济发展不平衡、金融体系还不完善，无论是个人还是企业信用体系都未建立，中小企业在融资时往往面临众多障碍，融资难制约了我国中小企业的发展。

一、中小企业融资现状

我国中小企业在国民经济中占据着重要地位，中小企业数量占全部企业总数的90%以上，就业人数占总数的60%左右，产值也占据总产值的"半壁江山"，中小企业在国民经济中的作用不可忽视。但是，近些年来原材料价格上涨、劳动力成本加大、银行紧缩信贷和市场竞争的日益加剧，中小企业发展更是面临诸多障碍。

中小企业融资渠道较为狭窄，融资方式比较单一。我国中小企业大都希望通过银行贷款的方式获得资金支持，而商业银行往往倾向于向大型国企发放贷款，对中小企业则较为谨慎。中小企业获得银行资金融通的机会明显不及大企业。大型企业本身实力雄厚，信用有保障，银行往往争相向其发放贷款，造成大型企业信贷资金过于充足；中小企业由于财力有限，资金需求量大，迫切需要银行提供贷款，而银行却在向中小企业发放贷款时格外谨慎，因此，中小企业很难从银行获得资金支持。资金不足使中小企业的发展受到限制，从而阻碍国民经济的发展，反过来也使银行的信贷资金趋于短缺。

此外，我国主板市场主要为大型企业服务，上市门槛较高，中小企业也难以通过主板市场满足融资需求。

1. 内源融资比例偏低

中小企业在发展初期受制于自身条件，难以获得外部资金的支持，在这个阶段采用内源融资方式较为适宜。但我国中小企业内源融资比例还比较低，与发达国家中小企业50%以上的内源融资比例相比还有很大差距。我国资本市场的不完善，进入资本市场的门槛较高，这也限制了中小企业通过直接融资的方式获得资金支持。

2. 外源融资困难重重

我国中小企业内源融资比例偏低，通过外源融资也面临障碍。外源融资可以分为直接融资和间接融资两种方式。直接融资主要包括股票融资和债券融资，间接融资包括银行贷款、票据贴现、融资租赁和基金融资等多种形式。

我国资本市场对中小企业设置了较高的准入门槛，中小企业在发展初期很难通过发行股票的形式融资。同时，我国对于企业发行债券也有严格的限制，对于企业的资质、发债的规模等都有较高的要求，中小企业难以满足此类要求，也很难通过债券融资方式获得所需资金。

银行贷款是间接融资的主要方式，商业银行为了防范风险，对于贷款对象有很严格的审查要求，中小企业很难满足银行的贷款要求，很难获得银行贷款。而很多中小企业还不够了解票据贴现、融资租赁等其他间接融资方式，较为单一的间接融资方式很难扭转中小企业融资难的局面。

并且，虽然商业银行存款金额近年来持续增长，但其对中小企业的贷款金额却没有显著增长，中小企业贷款在银行发放贷款中所占比例反而不断减小。再加上各地经济发展不平衡，经济欠发达地区的中小企业融资将越发困难。

二、中小企业融资难的成因

中小企业在国民经济中占据重要地位，为国民经济的发展做出了重要贡献，但资金不足大大限制了中小企业的发展，解决中小企业融资难的问题已经迫在眉睫。本节针对中小企业融资现状，分别从国家宏观政策、金融体系、企业自身素质三个方面分析得出：我国的现行金融体系不够完善、信用担保不成熟、中小企业信息不对称、自身体制不健全、信用度低等是造成中小企业融资困难的主要因素。

1. 现行金融体系不完善

（1）中小企业财务制度的不规范和信息透明度低这两方面原因导致了对中小企业贷款事前审查和事后监督的难度加大，而且其贷款频率高、额度小、风险大的特征也使金融机构发放贷款的经营成本和信用风险水平都处在较高位置。

为了弥补高风险，商业银行必然会提出更高的贷款利率要求，但我国贷款利率由政府严格管控，金融机构不能随意设置贷款利率，缺乏弹性的利率制度使得商业银行贷款给中小企业的意愿不强烈。而且商业银行实行的贷款个人负责制给信贷工作人员施加了较大的压力，也抑制了其向中小企业发放贷款的积极性。

（2）缺乏专门为中小企业提供服务的金融机构。商业银行在我国贷款市场中占据垄断地位，四大国有银行的贷款总额占整个市场的50%以上，但商业银行更愿意将贷款发放给大型企业，对中小企业则避之不及。大型国有企业和中小企业在获得贷款方面面临"冰火两重天"的局面，大型国有企业在政府融资平台只占全部企业总数的0.5%，却获得了80%以上的贷款份额，而占据绝大多数的中小企业只获得了20%的贷款份额。

综上可以看出，我国虽然建立了多元化的金融市场，但国有商业银行仍处于垄断地位，并主要为大型企业服务，中小企业难以从现有体系得到贷款支持。而各大银行之间业务趋同，没有错位竞争，服务的客户与市场也较为重叠，导致资源配置不合理。虽然近年来一些专门为中小企业服务、发放小额贷款的金融机构逐渐出现，但由于数量和实力还很有限，对于解决中小企业融资难来说只是杯水车薪。

（3）直接融资方式比较匮乏。与发达国家相比，我国资本市场还不完善，企业通过股票市场和债券市场直接融资所占比重较小。我国资本市场对于上市企业要求比较高，较高的门槛将中小企业挡在直接融资门外。而通过债券融资对于中小企业来说更是困难重重，发行债券对于中小企业的资质要求较高，中小企业很难满足发债要求。当中小企业走投无路时，它们往往会选择以民间借贷的方式融资，这已经成了一种普遍现象。但民间借贷缺乏相关的法律法规保护，制约着民间借贷的正常开展，导致中小企业不能有效借助民间借贷来化解资金难题。

2. 国家宏观政策倾向大型国企

（1）国家优惠政策向大型国有企业倾斜。国家针对企业发展制定了众多的优惠政策，包括投资补贴、贷款贴息、税收减免等，然而享受此类政策优惠需要企业满足一定的条件，中小企业由于规模小、经营能力较弱、竞争实力不强，往往与优惠政策失之交臂。

（2）现有税收政策使中小企业承担了较大的负担。大部分中小企业均为民营企业，民营企业不仅要承担企业所得税还要承担个人调节税，多重税负给中小企业的日常经营施加了很大压力。出台专门针对中小企业的税收优惠政策迫在眉睫。

（3）国家在制定中小企业相关法律法规时较为迟缓。法律的缺失使中小企业缺乏必要的保障，它们在开展融资活动时自身权益易遭受损失。

3. 中小企业风险较大

（1）中小企业财务管理制度不健全，容易产生信息不对称问题。中小企业缺乏规范的财务信息核算和披露机制，造成财务信息不真实，影响其获取贷款。而且，中小企业经营管理水平也有待加强。经营效率比较低，经营缺乏透明度，监管缺失严重。

（2）中小企业守信观念比较薄弱，信用问题严重。信用是现代经济中不可或缺的重要部分，可以说现代经济是建立在信用基础之上的，信用关系是现代经济中最普遍、最基本的经济关系。在激烈的市场竞争中，良好的信用是企业安身立命之本。而面对各种诱惑，无论是个人还是企业都越来越多地选择放弃信用底线，为了利益而抛弃信用。信用缺失、企业整体信誉不佳已成为我国中小企业融资难的重要原因之一。

中小企业信用缺失较为常见的表现有：借改组转制的时机逃废银行债务；日常经营中财务处理不规范，采用现金交易，不开发票；开立多个银行账户，套取银行信贷资金等。中小企业不遵守信用规范的行为破坏了中小企业的形象，给银行在审查贷款主体时带来了较多的不确定性，增加了工作量，这就使得银行在向中小企业发放贷款时格外谨慎。

（3）中小企业日常经营不稳定，竞争实力较弱。我国中小企业大多属于劳动密集型产业，技术水平不高，日常经营中存在诸多不确定性，再加上管理不到位，企业很容易受到市场波动的影响。当面临激烈的市场竞争时，缺乏核心竞争力，破产倒闭的可能性比较大，蕴含如此高风险的中小企业自然很难从银行获得贷款。

据相关研究表明，我国中小企业整体发展情况不容乐观，仅有30%左右的中小企业具备一定的实力，有望在激烈的市场竞争中生存，剩余的中小企业很容易在竞争中被淘汰，预计中小企业平均寿命将不会超过三年。中小企业如此高的破产率使得银行在向其发放贷款时要承担巨大的风险，而且我国对贷款利率实行管制，银行无法获得与风险相对应的补偿。再加上中小企业贷款金额小、频率高的特点，银行不愿意给中小企业发放贷款也就可以理解。

（4）中小企业缺乏抵押物和担保物。银行在发放贷款时通常会要求借款主体提供抵押物或担保物以降低信贷风险，但由于中小企业自身实力薄弱，可供抵押或担保的物品不多且价值不高。而且，我国尚未建立完善的金融要素市场，这就导致资产的流动性较差，多重因素的制约导致转换成本较高。

另外，中小企业自身资质较差的现状使得其获得担保较为困难。据相关数据分析，中小企业因无法落实担保而被拒贷的比例高达23.5%，因无法落实抵押而被拒贷的比例高达32.3%。

中小企业规模较小，拥有的固定资产很有限、抵押品少，使得担保机构很难为其提供担保。为了解决中小企业贷款担保难的问题，国家加大力度在全国范围内建立中小企业信用担保机构。但实际效果却并不好，担保机构为中小企业提供的担保期限普遍比较短，大多数只有半年，很少超过一年。提供的担保品种也比较单一，多为流动资金担保。担保机构本身的运作机制也存在一些问题，包括过度依赖政府财政资金、民间资本难以进入等，这些都制约了担保机构的发展。

（5）企业对于融资方式的了解还不够深刻。金融市场快速发展，融资方式日新月异，除了银行贷款外，融资租赁、票据贴现等方式也逐渐成熟，而中小企业对于融资的了解较为有限，当资金短缺时，往往只会想到向银行申请贷款，因对其他融资方式不了解而退避三舍。

综上所述，由于商业银行在发放贷款时审核严格，中小企业自身又存在诸多硬伤，因此，一些中小企业即使业绩优良，往往也被拦在银行信贷大门之外。

三、解决中小企业融资瓶颈的对策

融资难，不仅是我国中小企业要面对的问题，在全球范围内也是一个比较普遍的问题。为解决这一问题，许多西方发达国家采取各种金融支持政策和措施来帮助中小企业解决资金来源问题，并收到良好效果。西方发达国家在这方面积累了丰富经验，概括起来有四个方面可供借鉴。

（1）发达国家建立了完善的企业经营破产相关制度，为中小企业解除了后顾之忧，也降低了银行向中小企业发放贷款的风险。

（2）发达国家建立了多层次资本市场，积极拓展直接融资渠道，丰富中小企业的融资方式。例如，美国的NASDAQ市场为中小企业，特别是科技型中小企业，提供了直接融资渠道。

（3）设置专门机构为中小企业提供融资服务。此类机构对中小企业了解更加深入，日常经营运作成本相对比较低。

（4）建立健全中小企业融资信用担保体系，帮助中小企业获得更多商业性融资。发达国家的政府部门虽然也为中小企业提供资金，但最主要的形式还是提供担保支持，信用保证制度是发达国家中小企业使用率最高且效果最佳的一种金融支持制度。比如，美国的"小企业管理局"和日本的"中小企业信用保险公库"，都致力于为中小企业提供全方位的信贷担保服务。因此，我们应该在总结外国经验的基础上，制定出符合中国国情的、有中国特色的措施，来解决我国中小企业融资难的问题。我们应当从以下几个方面进行提升和改革。

1. 提高中小企业总体素质

（1）增强中小企业综合竞争力。管理层要提高自身素质，增强管理能力，加强对国家宏观政策、现代管理科学等的学习，提高管理效率，降低运营成本。此外，要注重产品的更新换代，与时俱进。当前市场竞争激烈，市场变化较快，企业生产的产品不仅要保证质量，还要加强创新。企业要注重自己核心竞争力的开发，只有拥有核心竞争力，才能在激烈的市场竞争中站稳脚跟，谋求更为长远的发展。

（2）建立规范的财务制度。中小企业存在问题最多的通常是在财务方面，财务不规范使得企业在申请贷款时困难重重。企业要建立完善的财务制度和与之配套的监管机制，确保财务信息的准确性、完整性和真实性，增强企业的规范性和可信度。

（3）企业应树立良好的信用观念意识。中小企业整体信用水平不高是中小企业难以获得银行贷款的重要原因之一。在人们的印象中，中小企业总是与欠债不还、骗取银行贷款等失信行为联系在一起。要改变这一固有印象，中小企业必须从自身做起，不断提高信用意识。

（4）企业需要建立起有效的激励和约束机制。实施现代企业管理制度，明确权责关系，通过股权转让、资产重组等方式优化企业的产权组织形式，建立明晰的法人治理结构，逐步完善现代企业制度。

2. 建立多层次、全方位的金融体系

（1）商业银行成立专门为中小企业贷款的部门，完善贷款体系。首先，可以考虑在商业银行中设立中小企业贷款部，专门负责中小企业融资。银行不仅要为大型企业发放贷款，也要对中小企业提供资金支持，贷款分散化发放也有助于分散风险，对银行来说也大有益处。其次，商业银行应加速利率市场化改革，按风险收益的对称原则对不同风险等级的贷款收取不同水平的利率，提高商业银行对中小企业贷款的风险定位能力。再次，商业银行应改善信贷管理激励机制，明确内部责任和权利。银行也应完善贷款管理方式，制定合理有效的信贷员激励机制，以增强信贷员对中小企业贷款的积极性。

（2）建立专门为中小企业服务的政策性金融机构。中小企业难以获得商业银行贷款支持，是市场规律使然，但中小企业又在国民经济中占据重要地位。为了改善这种局面，就要求政府出面通过创立政策性金融机构来弥补，以实现社会资源配置的经济有效性和社会合理性的有机统一。政策性金融机构以国家信用为基础开展金融活动，目的是贯彻和配合国家特殊的经济和社会发展政策，向国家扶持的产业和企业提供贷款、投资、补贴等服务。

（3）加快建设多层次资本市场，为中小企业提供直接融资渠道。与间接融资相比，直接融资有较明显的优势。企业自身的规模和经营状况会影响其间接融资能力，质地不佳的企业难以通过间接融资方式获得资金支持。若企业能够登陆资本市场直接融资，情况将大有改观。

促进风险投资行业发展也能间接帮助改善中小企业融资难的问题。虽然近些年来风险投资在我国已经取得了相当大的发展，但目前风险投资规模仍然不能够满足中小企业的融资需求。大力发展中小企业创业投资公司和风险投资基金，积极吸引民间资本的介入，壮大风险投资的规模势在必行。而限制风险投资发展的主要原因是缺乏完善的法律法规和退出机制。因此，需要健全有关风险投资的法律、放宽对风险投资的主体限制、促进风险投资的有效供给和需求、建立利于风险投资运行的法人或组织治理结构、完善风险投资退出机制方面的法律、促进科技创新并加大对知识产权的保护力度等，从而为创业投资企业快速发展提供有力的保障。

（4）保护和规范民间资本市场。民营企业在发展初期的许多需求是有组织的、正式的金融市场难以满足的，由于经济主体的需求多种多样，在我国的金融体系中，除了官方的金融市场和金融渠道外，民间资本市场也占据着重要的地位。民间资本市场包含民间借贷、股权筹集等融资活动，是对正式金融市场的良好补充，在经济体系中扮演着重要角色。只有对民间资本市场加以保护并规范其行为，才能最大限度发挥其作用。

政府应加大引导力度，促进正式金融与民间资本市场的交流与融合，制定相关法律法规来规范双方行为，对于有发展前景的民间资本进行引导和培养，以促进整个金融体系的完善，为我国金融业的发展做出贡献。

（5）推广融资租赁，为中小企业创造融资新途径。随着金融业的发展，中小企业融资途径也不断扩宽，新的融资方式层出不穷，融资租赁就是其中之一。融资租赁是指企业在日常经营中，当需要购置生产设备而资金不足时向租赁公司提出申请，租赁公司采购相关设备后出租给企业使用，企业支付租赁费用。企业按照约定准时缴纳租金，当租赁期满时可以选择续租或是将设备购入。融资租赁最早出现在美国，对于缓解中小企业融资难这一问题做出了巨大贡献，这种方式有助于克服中小企业与银行间的信息不对称问题，融资的条件也较为宽松，尤其适合中小企业。

与其他融资方式相比，如发行股票、发行债券、银行信贷等，融资租赁具有明显优势。融资租赁对于企业的规模、信用等级、担保条件等方面的限制比较宽松，有助于提高中小企业融资的成功率和融资效率，让企业能够专注于业务的开展，提升综合竞争力。而且，中小企业也可以根据市场变化选择自己最需要的设备，降低了融资风险。

由于租赁期内设备所有权属于出租人，出租人承担了设备的无形损耗风险和过时风险，在租赁期届满时，企业可以选择继续租赁或是购买该设备，大大降低了自身风险。按照我国税法的规定，租赁设备的折旧由承租人提取，承租人支付的租金中所包含的利息和手续费均可从税前扣除，从而使承租人得到减税的好处，节税效应较为明显。此外，融资租赁方式还可以有效缓解企业流动资金占用过多的情况，有利于改善财务状况。

3. 改善宏观政策环境

第一，完善法律法规，健全中小企业融资法律体系。我国对于中小企业融资方面的相关立法进展较为缓慢，只有建立完善的中小企业管理和服务法律体系，明确中小企业的法律地位，以立法的形式规范中小企业和相关金融机构的融资行为，才能使中小企业融资有法可依。而且，中小企业和大型国有企业竞争地位的差异也是导致中小企业融资难的原因之一，以法律形式明确中小企业在国民经济中的地位和作用就显得尤为关键，必须以法律形式保障其与国有大型企业公平竞争的关系和地位。

第二，完善中小企业融资担保体系，建立多层次的政策性担保体系。

（1）发展政策性担保机构。

建立政府背景的担保机构，专项开展政策性担保业务，为中小企业提供担保服务。担保机构用其信用能力为中小企业的银行贷款提供担保。担保机构的信用包括了履约意愿和履约能力，是与银行合作的前提；而担保机构具备充足的资金实力和较高的识别、防范风险能力，是与银行合作的基础。这就要求政府为政策性担保机构提供资金支持和税收优惠，实行一定的免退税优惠政策，可以将所免、所退税项作为政府出资扩大担保机构的资本金。

（2）建立风险补偿机制。

建立再担保和再保险体系，完善风险补偿机制。在建立政策性担保机构的基础上成立再担保机构，专门为政策性担保机构提供再担保风险补偿。此外，创新保险业务，建立再保险业务体系。发达国家在建立再保险体系方面有丰富的经验。比如，日本中央信用保险公司为地方性信用担保机构的担保再保险，再保险比例一般为70%～80%；意大利信用担保机构每年最主要的再担保业务是与瑞士再保险公司合作开展的，每年以承包项目75%的额度向再保险公司购买保险。

（3）建立财政弥补机制。

建立财政弥补机制，中央财政对损失予以补贴。从财政支出中分出部分资金成立风险有限补偿基金，用以弥补政策性担保机构的代偿损失。在实际操作中，可以为担保机构的代偿率设定一定比例，若代偿率低于该值，担保机构先用其预提的风险准备金进行自我补偿，不足部分由财政补贴。

（4）加快建立和完善我国中小企业信用管理体系。

良好的信用是企业在激烈的市场竞争中立足的根本，中小企业融资难往往是由于企业信用度不高造成的。因此，解决中小企业融资难的问题，关键在于解决中小企业的信用问题。否则，无论是正规金融还是非正规金融，都无法满足中小企业正常的融资需求。要解决该问题，建立一个宏观与微观、外部与内部相结合的、配套的信用管理体系尤为重要。建立专门的中小企业信用评级机构，提高中小企业的信用意识，采取有效的贷款担保方式，多管齐下保障信贷资金的安全。

需要注意的是，中小企业是存在生命周期的，应从中小企业的不同发展阶段来综合考虑其发展前景，更加重视中小企业的未来。与大企业相比，中小企业具有自身的优势：中小企业较为灵活，能够根据市场的变化及时改变经营策略，所以在对中小企业进行信用评级时，要注重对企业所处行业的行业现状和未来发展趋势进行分析。

为了改善整体社会信用环境、提升中小企业信用，建立信用管理法规政策体系和中小企业诚信服务体系，并充分发挥这两个体系的职能作用，显得尤为关键。当中小企业面对较高的失信成本时，往往会选择三思而后行。

我国目前尚未建立个人和企业信用体系，信用体系建设应由政府统筹全局，组织协调各方力量共同努力。公安、税务、工商、海关、公共事业单位等部门信息共享，把每个企业和个人的经济活动，从银行贷款、纳税情况、信用状况、偿债能力、工商注册、合同履约率、企业改转制过程中逃废债务情况等均录入社会征信系统中，将各种信用资料予以汇总，并保证信用信息来源的稳定性、准确性和有效性。

（5）推动金融机构、担保机构和中小企业建立长期稳定的合作关系。

长期稳定的合作关系有助于金融机构增加对中小企业经营状况的了解，

并在此基础上形成互信，首先，能够有效解决中小金融机构和地方中小企业之间信息不对称问题；其次，建立符合国情的中小企业担保体系，这是目前世界上很多国家支持中小企业的通行做法。

4. 正确选择融资渠道

根据筹集资金使用期限的长短，可以将中小企业融资方式分为中长期融资和短期融资。企业开展中长期融资一般是用于购置机器设备等固定资产，采用债券融资、股权融资和银行贷款等方式较为适宜；而当企业面临短期资金不足和临时周转困难时，可以通过小额贷款、典当等方式融资。

除了在面对不同融资项目时要选择不同期限的融资方式，企业在不同发展阶段也应选择适合其特点的融资方式。中小企业发展一般可以分为三个阶段，分别是创业期、成长期和成熟期。企业在不同发展阶段所选择的融资渠道是不一样的。

（1）创业期。

处于创业期的中小企业往往盈利能力不强，发展前景还不明朗，但未来可能会形成巨大的商业价值。在这个阶段，中小企业的资金来源主要是创业者的自有资金、上下游的商业融资、家庭或创业者的资产抵押等。

（2）成长期。

处于成长期的中小企业已渡过发展初期较为困难的阶段，企业产品或服务开始被市场所接受，营业收入和利润快速增长，市场规模不断扩大，经营风险不断降低，发展前景广阔。在这个阶段，企业应顺势而为，牢牢抓住发展机遇，快速扩大规模，进一步抢占市场，这就需要大量的资金支持。企业主要可通过银行贷款、融资租赁、PE/VC等途径获得发展所需要的资金。

（3）成熟期。

在这一阶段，企业已在市场中占据了一定份额，拥有了一定知名度，产品与市场进入成熟期，销售增长平缓，因竞争激烈利润被众多企业所摊薄。处于成熟期的企业可选择的融资方式较为多样，除了传统的银行贷款等方式，产业集团并购或是上市融资也是可行的方法。

第二节
中小企业融资途径

通过上文对中小企业融资现状和融资困难的分析，结合我国国情，提出要从中小企业自身抓起、改善中小企业融资宏观政策环境，从而保障中小企业健康成长，促进我国国民经济繁荣昌盛的可行建议。本节将详细介绍股权融资、债权融资、不动产抵押融资和无形资产质押融资四种中小企业的融资途径，并总结相关经典案例作为中小企业借鉴的典范，以通俗易懂的方式向读者做全面的展示。

一、股权融资

股权融资是指通过企业增资引进新股东的一种融资方式，包括产权交易融资、股权出让融资和增资扩股融资。

1. 股权融资概况

股权融资是指企业股东通过出让部分股权融得资金的行为。作为权益融资工具的一种，融资公司无需将本金归还给投资人。对于企业的盈利，无论是新股东还是老股东，都享有同等权利。该种融资手段较为灵活，运用广泛。筹得的资金既可以用来维持企业日常运营，还可以用于其他投资活动。

企业可以通过公开市场发售和私募发售两种方式开展股权融资活动。公开市场发售是指企业通过股票市场向公众投资者发行自己的股票，从而募集到足够的资金，包括企业的上市、企业上市后的增发和配股等。私募发售是指企业在非公开市场中，只对少数特定投资人进行融资的行为。

在私募发售领域，民营企业比国有企业更有优势。民营企业产权关系较为简单，进行私募发售时无须进行国有资产评估，而且没有国有资产管理部门和上级主管部门的监管，这些优势极大减少了私募融资的成本，提高了成交效率。私募是近几年来经济活动最活跃的领域，对于企业自身而言，私募融资不仅能够筹集资金，新股东的加入也有利于企业进一步的发展壮大。值得注意的一点是，股权融资之后的股东结构对企业当前运营和未来发展具有重要影响。不同类型的投资者，例如：个人投资者、风投机构、产业投资机构和上市公司等，会在企业成长的不同阶段为其提供资金支持，而它们的作用也截然不同。

（1）个人投资者。这类投资者亦被称之为天使投资人。一般出现在民营企业的初创期。出资额度不大，通常小于百万元。这些资金成为企业初期成长的重要支撑。而天使投资人在企业运营中扮演的角色，则比较复杂。有些投资者会要求直接参与日常运营管理，有些投资者只会在股东大会上才出现，仅参与重大经营决策。这类投资者会随着企业的发展，在适当的机会将资金撤出，获得相应回报。

（2）风险投资机构。风投机构业务的兴起于20世纪90年代。当时投资的主要领域为高新技术产业。在21世纪出现的互联网浪潮中，绝大多数互联网公司投资者名单中都有风投的身影。这其中不乏国内外知名的风投机构，例如：IDG、ING、北京科投、上海联创等。风投机构一般的投资标的为初具规模、具有巨大增长潜力的创业企业。在企业融资过程中，风投机构的参与通常能带来几百万元至几千万元的资金，它们以资本增值为最终目的，力图通过企业上市、并购或转让等手段赚取收益。其中，企业上市退出被公认为最理想的方式。

（3）产业投资机构。又被称为"策略投资者"。它们希望通过投资行为将被投资标的公司与自身公司业务形成优势互补，达到双赢的目的。产业投资者一般具有雄厚的资金实力、在行业里有一定的影响力，它们挑选的标的应在企业文化理念和管理模式上相类似，并且有控股倾向。所以，这类投资者相对比较强势，也许会限制企业的未来发展方向，影响到后续融资等。

（4）上市公司。有些上市公司出于产业结构调整的需要，会投资一些具有光明前景和巨大发展空间的企业。还有些上市公司在其主营业务出现问题时，运用其在资本市场筹集到的资金进行私募股权投资，完成注入新概念或分享利润的目的，以维持或提高上市公司的市场价值。无论是哪种方式，上市公司都要求对被投资企业进行控股，合并财务报表。此时，被收购的企业要确保其经营理念和公司文化能够与上市公司融合，否则后续发展将出现问题。

此外，企业进行股权融资时要具备完善的公司法人管理结构。公司的法人管理结构一般由股东大会、董事会、监事会、高级经理组成，能够发挥相互制约的作用，降低运营风险。

融资的具体方式主要有以下几种。

（1）股权出让融资。

公司通过股权出让方式融资，投资者将资金投入企业，并换取一定的股权和话语权。这实际上增加了新股东，改变了原有的股东结构。而新的股东结构对企业发展又将产生不同影响。

在企业对企业的投融资过程中，可以采取收购兼并、战略合作等方式。收购兼并按对企业的控制程度又分为全面收购、部分收购和增资扩股等。对于中小企业来说，如果被大型企业兼并，不仅可以解决资金短缺困境，还有利于提高营运水平，扩大业务规模。这就要求收购者与被收购者要在许多方面能够达成一致，例如，企业长期发展方向、长期经营目标、运营理念、企业股权结构、盈利的分配方式等，这样才能达到双方共赢的效果。

（2）产权交易融资。

产权交易融资是企业通过转让财产所有权筹集资金的行为。此处的产权不包含上市公司股份。根据内容不同，可以分为公司财产所有权的转让和企业财产经营权的转让两种方式。如果根据交易价格的不同，还可以分为产权溢价交易、平价交易和折价交易。

产权交易融资可以通过四种途径完成。①已在证券交易所上市的公司产权交易；②在场外市场对未上市公司的股权进行交易；③在有形的产权市场中进行的产权交易；④在无形市场进行的私下产权交易。

（3）增资扩股融资。

中小企业在具备一定规模、想寻求进一步发展时，会采用这种融资方式来募集资金。根据价格不同，可分为平价扩股和溢价扩股。按照资金来源分类，可划分为内源融资（即"集资"）和外源融资（即"私募"）。

这种融资方式有一些优点：①筹得资金可作为自有资本，提高企业信贷能力，扩大企业业务规模；②投资方式较灵活，存在较低财务风险，可根据自身经营情况，支付投资者报酬；③直接融资能够带来发展所需一些硬件条件，比如专业设备和技术。

2. 案例：民营医药企业九州通

2007年6月，中国九州通医药集团股份有限公司获得6000万美元私募股权投资的消息，在医药界乃至整个投资界都引起了广泛关注。6000万美元的额度也使得九州通医药位列私募股权融资之首。

（1）九州通，通九州。

九州通医药集团股份有限公司，简称九州通（600998），成立于1985年。主营药品、医疗器械、物流配送、零售连锁及电子商务业务。公司是湖北省规模最大的民企，在全国医药行业排名前三，连续6年入围"中国企业500强"。于2010年11月2日在上海证券交易所挂牌上市。

公司打造核心竞争力，拥有一支高水平的专业化团队，其中不乏一些拥有国际著名大学哈佛、MIT教育背景和知名企业麦肯锡、三星、通用等工作背景。"九州通模式"被医药流通界广为传承。公司曾获"AAA资信等级"殊荣，为医药行业领导者。

（2）大胆创新，快速发展。

在2003年底，公司正式更名为"九州通集团有限公司"，内部建立了完善的高层结构和管理制度，确定了公司的发展战略和主要经营模式，力图为产业链上下游企业提供差异化服务。2007年，引入国内外投资者（注资6000万美元）。2008年，公司投资上亿元成立现代化医药物流中心并投入使用。目前日均吞吐量上万箱，并配有严格的时间控制系统和出库差错率系统。

从2008年起，九州通集团在全中国70%以上的行政区域进行快速扩张，成立了14座大型现代化医药物流配送中心、24家地级配送中心和200多个业务办事处，奠定了中国一流、国际领先的行业地位。

（3）运用私募融资，发展国际合作。

九州通快速扩张策略的背后是强大的资金支持。在融资手段中，私募融资是公司最重要的资金来源。上文提到的6000万美元的私募股权基金主要来自于中国香港惠发基金、荷兰发展银行、德国发展银行、日本伊藤忠商事株式会社、日本东邦药业等7家境外投资者。其中，银行类金融投资者能够保证企业持续的资金来源；外资企业可以帮助九州通集团实现海外整体上市的愿景；而基金投资者可以运用其高水平的专业知识进行市场运作，助力企业日后上市。

（4）案例分析。

从上述阐释案例可以发现，私募股权融资相比公募的融资方式有条件宽松、灵活性强、易于操作、高效率低成本等特点。但是，由于目前我国资本市场中合格的机构投资数量较少，严重阻碍私募市场的发展。我国很多私募融资的成功案例，投资对象都是合格的境外投资者。

本案例中，虽然私募融资规模不大，但很具有典型性。私募股权发行对象多样，有银行为代表的金融投资者、基金为主体的机构投资者和战略投资者等。它们从不同方面为九州通集团提供有力支持，对其日后发展大有裨益。

通过私募方式进行融资的企业通常是希望进行策略性融资。不仅想达成筹集资金的目的，还希望通过此次融资，借助各方投资者的现有优势，获得更先进的技术设备、提升企业的运营模式和行业地位等，达到共同发展、互惠双赢的战略目的。

3. 案例：互联网门户网站新浪

（1）四大门户网，新浪居其一。

新浪是致力于为全球华人提供资讯服务及其他增值服务的在线媒体平台，它与腾讯、网易和搜狐并称为"中国四大门户"。新浪旗下拥有五大业务主线，为不同类型的全球华人提供相应服务。目前注册用户上亿人次，日浏览量最高超过6亿次，已成为全球最大的中文门户。它的战略目标是打造全功能的网上生活服务社区，已经与全世界上千家内容供应商建立了合作伙伴关系。新浪的频道数量现已超过30家，内容涵盖多个方面，例如时事新闻、赛事播报、娱乐新闻、财经新闻、科技创新等方面。值得一提的是，新浪集团旗下的新浪微博"力压"腾讯微博等类似产品，成为当前华人社群最热门的社交平台。

（2）股权结构复杂，公司管理弱化。

新浪集团虽然处于行业领先地位，公司运营却也面临诸多问题。其中，股权分散的问题由来已久，长期以来并没有得到很好的解决。回顾新浪历史，公司CEO平均每两年更换一次，高管流动频繁。新浪股权结构决定了，新浪董事会长期由资本派主导，并非创业者。也就是说，公司的控制权并不在创业者手中。自从新浪创始人王志东于2001年离职后，董事会缺少强势的股东代表。2005年，盛大突然收购新浪19%的股份，掌握一定的话语权。

过于分散的股权结构不利于公司的长远发展，不仅增加了未来成长的不确定性，也会使投资者缺乏信心，而且，容易招致外部资本的觊觎，有意向收购者的频繁尝试，会干扰管理层的正常运营。

（3）成立新公司，股权结构渐变清晰。

新浪为了较好地解决这一重要问题，2009年内部高管层召开会议，成立了新浪投资控股有限公司。新公司出资收购增发的新浪股票，价值高达数亿美元。交易完成后，新浪的股权架构渐渐清晰，新浪投资控股为最大股东，与管理层手中的原有股份相加，共持有超过10%的股份。至于新浪投资控股此次交易的资金来源主要有三个方面：新浪高管层出资5000万美元，美林证券5800万美元，包括中信资本、红杉资本及方源资本在内的三家私募基金共同出资7500万美元。

（4）娴熟资本运用，杠杆分散风险。

此次新浪MBO（管理层收购 Management Buy-out）的成功让外界领略到曹国伟高超的资本运作能力。如上文所说，本次新浪股份收购过程十分复杂，在资本筹集过程中引入了三方共同出资，分别为新浪内部高管层、私募基金公司和银行贷款。其中，私募公司的介入能够有效制衡其余两方的势力。而美林证券的出资在一定程度上制约了新浪管理层和私募基金公司的控制权失衡问题。

（5）案例分析。

成为公众公司后，企业股权必将分散，企业所有权和经营权相分离，这将会带来一些问题。一方面，公司成功上市进入资本市场后，通过一、二级市场交易，外部资本会进入企业导致股权的分散和稀释。如果公司管理层的股份被稀释到很低的水平，易导致管理层为了自己的利益经营公司，而非将股东权益最大化作为终极目标，这就会产生很高的代理人成本。另一方面，外部资本取得了公司的控制权，就会影响公司的运营。企业的创始人将难以按照自己最初的想法来发展公司，难以实现自己的人生梦想。

在这种背景下，MBO作为一种股权回归的有效方式应运而生。一般情况下，企业高管层会通过大量举债的手段来收购流通在外的股权。而在新浪案例中，曹国伟带领的团队并没有采取这种传统做法，而是引入三家机构投资者共同出资，三家机构各占新浪投资控股公司股本的三分之一，避免了任何一家出资过多，导致话语权失衡的局面。此外，由于美林银行的银行贷款需要在一年之后介入，新浪管理层将持有新浪控股大约三分之二的控制权，在董事会中享有绝对的话语权。将公司管理层的利益和股东利益捆绑在一起，可以降低代理人成本和管理层的道德风险。同时，企业创始人按照自己最初的意愿设立公司长远战略目标的愿景也能够实现。

4. 案例：地产巨头万科

（1）万科的成长。

万科是在经济改革的不断深入和中国资本市场日趋成熟的大环境下成长起来的，它的成长与资本运作有着千丝万缕的关系，每一次成功的资本运作，紧随其后的都是万科更快的突破与发展，资本运作在万科的成长中扮演了举足轻重的角色。中国房地产行业近20年来的成长模式如图2-1所示：

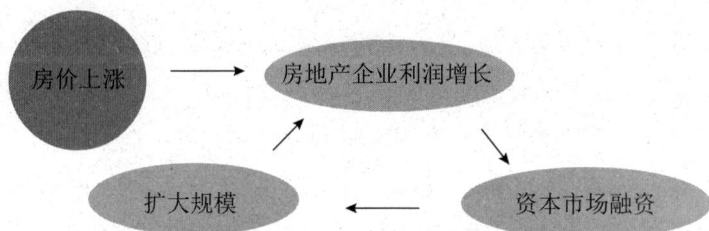

图2-1　中国房地产行业近20年的成长模式图

在我国，衡量地产企业竞争能力主要有两个指标：一是拿地能力。土地是地产业发展的基础，城市土地的稀缺性加大了企业获得土地的难度，这样土地便成为限制地产企业发展的瓶颈。二是融资能力。房地产企业存货率高、负债率高、资金占用量大且周期长的特点要求企业必须有很强的融资能力来解决资金和债务问题。

资金对于房地产企业来说尤为关键，成功的资本运作有助于企业获得充足的资金来开展经营活动，万科进行的资本运作可分为三个步骤。

第一步（1991—1993年）：股份制改革、上市发行A股及增资实现快速发展。

万科企业股份有限公司的前身是深圳现代科教仪器展销中心，成立于1984年5月，是中国房地产界和企业界一个响当当的名号。1988年11月，万科正式更名为深圳万科企业股份有限公司，并进行股份制改革，改革后净资产达1324万元。此次股份改制，万科获得了2800万元资本金，开始涉足房地产业，并逐步将房地产确立为公司主业。此后，公司规模和运营资金的需求量日益增大，万科集团开始考虑进军中国的资本市场，设立了在深圳交易所上市的目标。1991年1月29日万科正式挂牌上市。由此，万科尝到了资本市场的甜头，开始借助市场资本扩大业务规模、大力发展企业。

第二步（1993—2000年）：B股发行，调整战略目标。

在深交所上市发行后，万科进行了三次资本市场融资活动。第一次是在1993年，借助国泰君安和渣打银行实现了4500万股的B股发行，融资45135万港元。此次融资的目的是进行城镇民用住宅建设。在资本市场成功筹集的资本帮助万科渡过了当时宏观调控市场资金短缺的一段时间。后两次融资分别发生在1997年和2000年，万科通过两次配股增资，募集金额总计10.08亿元。资金计划投入到深圳房地产开发的项目，在深圳房地产市场上抢先占领一席之地。

第三步：深度股改，华润入股。

万科在成为公众公司后，股东结构复杂，股权分散的现象也极为明显。同时，公司运营状况良好，容易被外部资本觊觎，成为被恶意收购的目标。为了解决这个问题，万科选择了具有国际股东背景的香港华润集团。经过一系列谈判，最终华润同意通过协议受让股份方式出资持有万科15.08%的股份，成为万科的策略性大股东。此次交易，双方采用了认股权证的方式，被认为是创新性的解决办法。通过此次股权梳理，万科内部的运营管理水平和透明化程度进一步提高。在2004年之后，连续三年成长速度超过50%，获得了让人惊喜的成绩。

（2）巧妙融资，助力发展。

2004年万科通过与德国银行HI（Hypo Real Estate Bank International）的合作，巧妙地融得3500万美元资金，用于投资中山项目。

一般情况下，房地产商通过外商直接投资的方式进行融资。但此次万科集团与HI银行的合作却另有巧妙安排。从法律的角度，这算是一次股权融资。万科将其所持有的80%的中山项目的股权出让给BGI公司。而BGI公司是由HI银行设立且持股65%，万科持有BGI35%股份。因此，在融资完成后，万科通过直接或间接方式共持有中山项目48%的股权。从表面上看，是HI公司掌握中山项目的话语权。但在合约中有另行规定，"在项目汇款后，万科将以同业拆借利率再加几个点的利息赎回股权"。所以，从实质上看，这是一笔商业贷款，且还贷利率水平相当于国内同类型贷款的名义利率水平。

整体上看，此次融资对万科一方是较为有利的。首先，万科只出让了股权，资金全部由HI公司承担，且贷款利息招致的融资成本也不高。其次，在法律层面上，项目的风险承担人和名义控股者均为HI银行，万科也无须面临汇率风险问题。最后，项目的最终利润也会全部归万科集团所有。那么，HI银行为什么会同意签署这个利益十分倾斜于万科的协议呢？原因有以下几点：第一，国际资本对于中国房地产的信心和乐观心态，有很强的投资动力；第二，房地产行业的风险普遍较高。在这种背景下，万科集团在业内拥有优秀的品牌和历史业绩，显然更容易得到国际投资者的信任。

（3）互惠互利，实现双赢。

这一次成功的境外融资让万科叩响了国际资本市场之门，为之后公司战略制定提供了宝贵的借鉴经验。由于国际金融机构投资者对项目的管理审核非常严格，这对万科自身的管理水平也是一次难得的培养和提高。从HI公司的角度，此次是其进入中国市场的第一笔交易，成败与否至关重要。HI需要尽快在被投资项目当地建立起人脉网络、积累丰富的相关经验。而万科则成为HI公司合适的合作伙伴。双方在合作过程中优势互补，协同发展，达到双赢的目的。

（4）案例分析。

房地产行业本身对资金的需求较为刚性，且具有较大的政策风险。资金是地产商运营的命脉所在，所以，拓宽融资渠道显得极为重要。万科集团作为中国地产行业的领导者，在资金筹备方面更是先行者、开拓者。在中山项目融资过程中，万科集团凭借其良好的业内名声、优秀的过往业绩和丰富的行业经验赢得了HI公司的高度信任和强烈的合作意愿。这种名义上是FDI（国外资本直接投资）实为商业贷款的融资模式，在中国本土公司和国际资本合作的历史中也是前无古人的。这也是中国企业在国际资本市场的一次有意义的尝试，为类似企业拥有更大的国际化视野和经验能力奠定了良好的基础。

二、债权融资

除股权融资外，债权融资也是企业融资方式中最为常见的一种。中国90%以上的中小企业都设立在县城内或乡镇，所以，中小企业的发展有利于中国的城镇化建设，也有利于社会主义新农村建设。而债权融资的推行可以极大地扩宽中小企业的融资渠道，促进中小企业的发展和中国经济的繁荣昌盛。

1. 债权融资概况

企业除了通过上市公开发行股权进行融资，还可以通过发行债券进行融资，这种方式称之为债权融资。但这种融资方式和股权融资最重要的区别就是，股权融资仅需要支付投资者一些红利，例如：现金股利、股权股利、期权等，而不用归还本金。但对于债权融资，企业需要在预先商定好的时间按时还本付息，公司承担的资金压力较大。因此，债权融资一般用于短期资金不足的情况。

债权融资主要具有以下特点：第一，对于筹集的资本仅有使用权而非所有权，除了必要的利息成本，还要在到期时归还本金；第二，此种融资方式可以使得企业所有权的资金回报率增加，具有杠杆作用；第三，债权人对公司日常运营影响有限，一般不会产生控制权的问题。

同时，债权融资也会带来一些风险。而公司股东是这些风险的主要承担者。因为对于融资工具的优先级，债券优于优先股及普通股。也就是说，在企业经营不善、资金短缺或是濒临破产的时候，应先对债权人进行还款，之后是股权人（公司股东）。这样的话，一个企业大量举债必然会牵扯股东利益。如果公司不能按期还款，会对公司信誉和业绩带来很大影响，都将直接或间接地影响股东利益。

目前我国企业融资方式较为单一，导致大量企业融资困难。由于我国资本市场的不完善、企业相关专业知识的严重缺乏，企业除了通过银行贷款，一般情况下没有其他的融资渠道。而对于中小企业来说，这种情况更为严重。由于规模小、经营不够稳定、风险大等因素，难以从商业银行成功贷款。据统计，深圳将近10万家的中小企业，在银行贷款过的企业不超过半数。贷款企业占比大约三成，且贷款总金额也都在200万元水平以下。足见中小企业在我国资本市场融资之难。

这也是我国现有融资体制的阻碍。目前我国国有商业银行按照所有制性质区分企业，然后给不同分类的企业发放相应水平的贷款。所以，国有中小企业就能够较容易地获得贷款，而相比之下，乡镇企业、集体企业就难得多。一个民营企业无论运营能力多强、效益多高，也得不到国家银行的贷款。此外，中小企业的信用级别也是银行发放贷款十分重视的因素之一。出于风险控制的考量，银行更愿意将款项贷给信用良好、有国有背景的公司。

随着中国金融市场的日渐完善、成熟，市场更加开放，这些企业融资难的情况得到一定的改善，金融创新融资工具也渐渐涌现。下面将介绍几种已经被企业运用的、具有一定显示意义的融资方式，例如银行贷款、组合贷款、固定收益投资、贸易融资、金融租赁等。

第一种是债权融资工具中使用最普遍、历史最悠久的银行贷款。基于我国目前发展现状，商业银行贷款使用最广。但是，随着我国资金市场的改革，商业银行等金融机构的管理模式逐渐从贷款额度管理过渡到资产负债管理。这使得商业银行在放贷时更为小心谨慎。与此同时，在市场经济体制下，企业会形成更高的运营风险，其信用风险的平均水平也会下降。银行贷款的审批过程也变得更加缓慢，企业通过这种方式融资存在一定的难度。

第二种是组合贷款。这种融资方式的当事人不仅仅是两方，而是引入了第三方甚至第四方的参与。它的主要形式包括中资银行与外资银行、中资银行与担保企业、中资银行与担保机构等。这种创新型的金融融资工具有利于提高企业融资的可行性，提高融资效率。这里就衍生出来"担保融资"的概念，由外部的独立第三方为自身信用资质不达标的企业做担保，这就提高了企业的信用等级，属于外部增信的一种方式。在这种模式下，担保机构由于要承担较大的风险，会在合作之前对企业进行审慎的考察。一般情况，对公司所处行业没有特殊要求，但是要求企业在所属行业中有很强的竞争力，占据领先位置，具有明显优势。另外，企业的持续经营问题也是担保公司考量的重要因素。在对企业考察中，历史业绩、管理层及核心团队、企业文化、长期的战略目标等方面都会被担保机构考虑在内。

第三种是固定收益融资。这种方式类似于股权质押。它对项目有严格的要求，企业的融资成本相对较高。这种融资方式的资金来源主要是境内外的企业、基金公司、境外银行或者财务公司等。

第四种是贸易融资方式。是在公司有进出口贸易业务时，与结算相关的短期融资。形式主要有打包贷款、出口押汇、进口押汇、承兑汇票和保理业务等。在这过程中，银行对资金流和物流的控制是关键点，必须在能够有效控制信用风险的情况下进行授信。这种融资方式的灵活性也比较强，可以根据不同公司不同业务特点进行客户定制。据统计，贸易融资仅占融资活动的20%，说明还有很大的市场空间。

第五种是委托贷款。采用这种方式，企业之间的直接借贷是不受法律保护的，企业需要将资金委托给银行，由银行进行统一管理。委托的资金成本一般是高于银行同期的贷款利率，而且要求企业提供足够价值的担保品或者抵押物。可以看出，委托贷款涉及四个参与方：融资方、银行、担保方和投资方。在融资过程中，发生的成本由投资方、银行和担保方共同承担。

第六种是金融租赁。在成熟的资本市场中，它是公司和银行之间一种常用的融资手段。本质上，是一种债权融资。这为中小企业融资开辟了新的渠道。此外，融资过程中涉及债权、股权以及信托等大量金融工具，相互结合，创新出许多金融产品。据统计，现在全世界有近三分之一的投资活动是通过金融租赁的方式完成的。例如，美国31.1%的固定资产投资通过金融租赁方式完成，英国为15.3%，加拿大为20.2%。而在中国固定资产投资领域，该比例仅为1%。这种融资方式的融资方不仅可以是大型的国有企业，也可以是中小型企业。它具有全额融资、融资成本低、无抵押品和担保物等特点，可以减轻企业资金流压力。金融租赁有时被看作是长期贷款的一种替代品。

通过上述的介绍可以发现，债权融资的方式多种多样，各有利弊。因此，企业应该根据自身特点、所在领域、国家政策环境等因素，综合考量选取最适合公司未来长期发展的融资模式。

2. 股权融资和债权融资的区别与联系

股权融资和债券融资各有特色，不同企业对于这两种方式也各有偏好，实践中很难说孰优孰劣。我们只能在理论上从融资成本以及融资可能性上，对两种融资方式进行一番比较。

（1）股权融资与债权融资含义。

股权融资也是所有权融资，是公司向股东筹集资金，是公司创办或增资扩股时采取的融资方式。股权融资获得的资金就是公司的股本，由于它代表着对公司的所有权，故称所有权资金，是公司权益资金或权益资本的主要构成部分。发行股权融资，大量的社会闲散资金被公司筹集，并且能够在公司存续期间被公司所使用。

（2）融资成本。

从融资成本上看，根据一般的融资原则，风险越高，成本越大。股权投资的风险大于债权投资，所以投资人应该向融资方索要更多的风险补偿。理论上，股权融资成本大于债权融资，但是根据投融界对我国大量上市公司的研究，上市企业偏向于股权融资，也就是说偏向于融资成本较高的融资方式。在欧美成熟市场，上市公司的股权较为分散，公众股东能够通过股权实现对公司的控制，这是公司股权融资的代价。但是在国内，上市公司股权则较为集中，大股东往往影响着公司的走向，公众股东对公司的影响极为有限，所以股权融资实际上成本更低，当然这里的成本主要指的是机会成本。

（3）融资可能性。

从融资可能性上看，债权融资较股权融资更为便捷。债权融资市场在我国发展时间较长，金融系统早已趋于完善，而股权融资则是20世纪90年代之后才出现，所以市场上为债权融资提供资金的机构远远多于为股权融资提供资金的机构。因此，通过债权融资较为容易获得资金，并且耗费时间也较短。

股权融资和其他融资方式相比，具有以下的特征：第一，筹集的资金具有永久性，无到期日，不需归还，这对保证公司的长期稳定发展极为有益；第二，没有固定的股利负担，股利支付多少以及支付与否视公司有无盈利和公司的经营需要而定，没有固定的到期还本付息的压力，给公司带来的财务负担相对较小；第三，更多的投资者认购公司的股份，使公司资本大众化，分散了风险；第四，发行新股会稀释公司控制权，造成控制权收益的损失。

3. 案例：服装行业龙头雅戈尔

（1）创国际品牌，铸百年企业。

雅戈尔集团创建于1979年，现拥有净资产50多亿元，员工2万余人，是中国服装行业的龙头企业。综合实力位列全国500强企业的第144位，连续4年稳居中国服装行业销售和利润总额双百强排行榜首位。主打产品雅戈尔衬衫连续9年保持市场综合占有率第一位，西服也连续5年保持市场综合占有率第一位。旗下的雅戈尔集团股份有限公司为上市公司。

2001年10月，占地350亩的雅戈尔国际服装城全面竣工，集设计、生产、销售、展示、商务等于一体，被中国服装协会认定为中国最大的服装先进制造基地，具备年产衬衫1000万件、西服200万套、休闲服、西裤等其他服饰共3000万件的生产能力。2003年，占地500亩的雅戈尔纺织城全面竣工投产，成为中国高端纺织面料的生产基地。与此同时，雅戈尔不断利用高新技术和先进设备提升产业基础，完善产品品质。2004年，雅戈尔集团被评为"中国信息化标杆企业""中国信息化百强企业"，"雅戈尔"被评为最受消费者喜爱的品牌之一。2008年12月30日，在世界权威品牌价值研究机构——世界品牌价值实验室举办的"2008世界品牌价值实验室年度大奖"评选活动中，雅戈尔凭借良好的品牌印象和品牌活力，荣登"中国最具竞争力品牌"榜单，赢得广大消费者赞誉。

雅戈尔的目标是"创国际品牌，铸百年企业"。目前，雅戈尔的主导产品衬衫、西服已连续多年稳居全国市场综合占有率榜首，产品系列不断丰富，各板块的发展齐头并进。未来几年里，雅戈尔确定了五项发展目标：①加快产业结构调整，形成以纺织服装、房产、国际贸易为核心，多元发展的格局，强化核心竞争力；②调整品牌战略，使之与国际、国内市场的需求相适应，发展雅戈尔系列，开发新的品牌系列，逐步形成一个定位准确、产品细化、能够满足不同消费群体需要的品牌系列；③调整、提升国内的营销网点，加强窗口商场和大型专卖店的布局、建设和管理；④利用信息技术强化物流、资金流、信息流的管理，增强企业对市场的应变能力；⑤加强国际交流与合作，积极寻求与国际知名服装企业的合作交流，推进品牌国际化的进程。

（2）多元化发展，宽领域投资。

1999年12月，中信证券增资改制成股份公司，雅戈尔以3.2亿元的成本认购了2亿股股权并成为第二大股东，被视为中国资本市场的一个传奇。8年后，这笔股权投资着实让雅戈尔惊喜不已。据估算，仅此一项，雅戈尔就获得浮盈140多亿元。

2007年10月27日，雅戈尔的控股子公司——雅戈尔投资有限公司以每股7元的价格认购4300万股金马股份的非公开发行股票。同年11月27日，雅戈尔出巨资35.88亿元认购海通证券1亿股定向增发股份。至此，雅戈尔在金融类资产的投资规模已达到230亿元左右，是公司净资产的数倍，远远超过中国多数上市公司的总资产。而更重要的一点在于，这些投资都对雅戈尔产生了深远的积极的影响。

（3）房地产投资。

2007年7月，雅戈尔以14.76亿元夺得杭州市区36131平方米地块，楼面地价达到15712元/平方米，一举成为"杭州地王"。这并不是李如成在房地产领域的"唯一演出"。从2007年年初开始，雅戈尔就开始大举拿地，并且创造了一周内连续出击竞拍宁波和苏州多幅地块的历史纪录，2007年9月、10月雅戈尔再次在杭州拿下两块地。事实证明，雅戈尔集团"纺织服装、房地产、股权投资"三大产业格局正在明晰。

（4）收购"KWD"。

2008年1月21日，宁波雅戈尔集团总裁李如成确认，雅戈尔与美国Kellwood公司（以下简称KWD）之间的收购案已获得中国有关政府部门批复。这是中国民营企业境外并购案中少见的净资产收购的成功案例。

KWD是美国上市公司，旗下业务以新马和Smart公司为主体，业务内容包括对世界级品牌的代工业务生产、美国中国销售、设计以及物流配送体系。2006年度，KWD销售额达20亿美元，其中新马服饰销售额达5亿美元。2004年，雅戈尔便与Smart以1：1比例合资组建雅新衬衫有限公司，主要进行衬衫OEM生产，产品通过中国香港出口美国市场。同时，新马公司亦参股雅戈尔日中纺织印染有限公司。

2005年年初，KWD因为预期美国经济会出现一定程度的衰退，试图加强其专业能力，欲出售包括新马在内的男装部门，但当时其资产评估方估价远高于雅戈尔可接受价格，双方的接触并未深入。2007年，KWD男装业绩出现一定下滑，该公司再次萌生出售意向。接着，雅戈尔提出了一套"捆绑"并购方案，最终与KWD达成一致。

据悉，雅戈尔是以1.2亿美元的净资产价格购入。收购资金的30%来自公司自筹资金，70%来自在国家进出口银行以年息6%贷款。其中，雅戈尔以7000万美元收购KWD全资子公司Kellwood Asia Limited持有的Smart100%股权，以5000万美元收购KWD持有的新马（香港新马服饰）100%股权。根据上述并购协议，KWD在并购完成后将相关业务全部整合进入新马。此外，雅戈尔还将获得新马分布在中国及东南亚等地的14家生产基地，包括POLO、CalvinKlein在内的20多个知名的ODM加工业务，拥有Nautica、PerryEllis等5个授权许可品牌和庞大的物流系统。

李如成表示，雅戈尔将通过整合、消化新马服饰多年积累下来的业务、渠道、人才和品牌经验。如果并购后融合顺利，新马的设计团队能够促使其自有品牌服装顺利进入美国市场。Smart主营的衬衫业务与雅戈尔也具有很大的整合潜力，本次收购将有利于提高其服装设计和销售能力，业务的相似性也将有利于内部整合实现协同效应。

（5）发债融资，一石三鸟。

2008年2月15日，雅戈尔公告称：将于2月底前发行总额为18亿元人民币的短期融资债券。在公告中，雅戈尔这样描述发债动机：短期融资债券的发行有助于公司改善负债结构、降低融资成本。短期融资债券的低利率确实可以降低融资成本，并且一般低于银行贷款利率1个百分点。如果现实中银行贷款年利率为9%，那短期融资债券的利率为8%左右甚至更低，从而降低融资成本。

雅戈尔方认为，18亿元的短期融资债券是为了丰富雅戈尔的负债结构，增加运营资金。事实上，如果雅戈尔需要运营资金，手上可以变现的资产不胜枚举。根据雅戈尔2007年三季报表中的现金流量表显示，当期投资活动产生的现金流出约129亿元，期末现金净增加额也达61亿元。

（6）案例分析。

基于企业融资的成本和效益综合考虑，企业对于融资方式的优先选择顺序是：内部融资—债权融资—股权融资。企业开展内部融资所要承担的成本较低，却能获得最大的融资收益。债权融资作为优先于股权融资的融资方式受到了企业的极大关注，但是中国债权融资的发展程度远不及股权融资的发展。究其原因，企业对融资优序理论认识的欠缺、债券融资的难操作性和高风险性以及债券发行资格的较高要求都是影响因素。

债券融资按发行主体可以分为政府债券、金融债券和公司债券，按发行时限可分为短期债券和长期债券，此外，债券还可以按付息方式和是否能够转换进行分类，我们在此讨论的是公司债券。公司债券是以债权的形式进行融资，并不影响企业的股权总额，因此，公司债券融资具有以下几方面优点：第一，债券融资可以调整企业的资本结构，形成有利于企业发展的资本结构，降低企业的加权平均资本成本，发挥企业的财务杠杆效应，提高企业股权和债权资本的使用效率；第二，公司债券的发行能够适应企业短期和长期的资金流量的需求，短期融资对应短期投资、长期融资对应长期投资，形成稳定健康的企业资金流转；第三，债券融资所支付的本息在会计上能够计入费用进行核算，从而产生"税盾"，较之股权融资获得了更为低廉的资本使用成本，增强了企业的净盈利能力；第四，可转换债券能够在有效控制债务本息负担的同时逐步扩大股本比例，增强企业经营管理的灵活性；第五，公司债券的发行增大了企业的债务负担，为了及时清偿本息，公司股东和管理层将以更大的动力更快更好地发展企业，从而对股东和管理层形成适当的压力，也为制衡管理层的内部控制、抵御资本市场的外部侵袭提供了手段。

雅戈尔集团是服装行业的领先企业，随着集团的不断发展和创新，雅戈尔逐步涉足金融和房地产，形成了服装、金融、地产三足鼎立的产业格局，企业发展势头强劲，各业务板块互为犄角、相互促进，为雅戈尔集团的发展提供了强大的动力。市场保守估计，雅戈尔近几年的几次大手笔的投资，将会带来丰厚的投资回报。但是，雅戈尔在2008年2月却选择了发行18亿元公司短期债券进行融资，查看公告便能知道，雅戈尔不是简单地选择公司债券进行融资，当中有着深层次的考量：其一，雅戈尔在近年使用自有资金和银行贷款进行了规模巨大的投资，即便发行18亿元短期融资债券，也只占当期负债总额的极少部分，完全是一个安全的范围，同时可以适当调高资产负债率，更好地利用财务杠杆；其二，雅戈尔几宗大项的投资都在不断增值，将给企业带来持续增长的高回报现金流，且发行的债券利率比同期银行借款利率要低，对此雅戈尔自然不会采用出售资产的方式替换短期债券进行融资。

无论是开展海外并购还是参与金融、地产等领域的投资，雅戈尔都收益颇丰。究其原因，公司管理团队的运作是主要原因，但与资本对雅戈尔的青睐和支持也密不可分。

然而债券融资门槛较高，对于发债企业要求比较严格，监管部门对于发债公司的审核也十分严格，这就使得很多中小企业很难通过发债方式融资。被排除在正规融资渠道之外的中小企业纷纷寻求非正规金融的帮助。但非正规金融的先天不足使得企业融资蕴含着巨大的政策风险、市场风险和信用风险。非正规金融只有采取规范化的运作并接受同样的监管才能走向前台，与正规金融渠道相互补充、相得益彰，为中国广大企业提供与其发展相适应的融资等金融服务。

4. 案例：明星房企恒大地产

房地产企业若想做强做大，充足的资金支持必不可少，而融资难一直制约着我国内地房地产企业的发展，随着我国资本市场开放程度不断扩宽，赴港上市成为中国内地房地产企业拥抱国际资本的最佳途径。2009年，在国际金融危机尚未完全复苏的大背景下，中国内地房地产企业的香港上市之路更是一波三折。在年底即将收官之际，恒大地产因其市场定位准确、业绩增长潜力巨大引得国际金融大鳄竞相追捧，从赴港上市的重重迷局中一举脱颖而出。同年11月5日，在历经了上市险途的"九九八十一难"之后，恒大地产终于取得真经，修成正果，在中国香港联交所主板挂牌上市，成为2009年IPO重启以来中国房企赴港上市的最大赢家。

（1）恒大强势崛起，地产航母入水。

恒大地产集团是集房地产规划设计、开发建设、物业管理于一体的现代化大型房地产综合企业，是中国十大房地产企业之一。公司于2009年11月5日在中国香港联交所主板上市，是中国标准化运营的精品地产领导者，连续7年荣登中国房地产企业十强。集团拥有中国一级资质的房地产开发公司、中国甲级资质的建筑设计研究院、中国一级资质的建筑施工公司、中国甲级资质的建筑监理公司、中国一级资质的物业管理公司，现已发展成为中国非常具影响力的房地产企业之一。

2009年恒大地产集团年开发面积为690万平方米，在中国的土地储备已超过5000万平方米。目前，恒大已战略性地进入广州、天津、重庆、沈阳、武汉、成都、南京、西安、长沙、太原、昆明、合肥、贵阳、南宁、南昌、石家庄、济南、洛阳、郑州、兰州、长春、银川、海口等全国36个主要城市，拥有大型房地产项目73个，覆盖高端、中端地产及旅游地产等多个产品系列。恒大坚持全球化视野，在世界经济一体化背景下，全面实施国际化精品产业战略，致力于成为21世纪中国地产规模一流、品牌一流、团队一流的"三个一流"企业，全力打造全球化地产航母。

（2）创业维艰，不断超越。

从第一个项目奠基到拓展全国30余个城市，恒大地产集团始终坚持着"质量塑品牌、诚信立伟业"的方针，实施目标计划和绩效考核管理模式，滚动开发，高效运作，以"规模+品牌"的发展战略形成了企业强大的体系竞争力。恒大一直保持高速稳健发展，综合实力不断上升，成为全国房地产企业的先进典范。

艰苦创业，高速发展（1997—1999年）：公司成立之初，正值亚洲金融风暴,恒大地产集团逆市出击,抢占先机,采取"短、平、快"的策略,首个项目金碧花园以"环境配套先行"的开发理念,创造了广州昼夜排队购房、日进亿元的销售奇迹。其后,恒大经过3年艰苦奋斗,于1999年从当时广州的1600多家房地产企业中脱颖而出,首度跻身为广州地产十强企业。

苦练内功,夯实基础(2000—2002年):经过3年多的高速发展,从2000年开始,恒大地产集团着力于有效整合资源、规范开发流程、狠抓管理促效益,支持未来发展。在广东地区同时开发及储备多个项目,陆续开发销售金碧华府、金碧新城、金碧世纪花园等多个金碧系列楼盘。2000年,在广州房地产企业排名跃升至第六位。

二次创业,拓展全国(2003—2005年):经过前两个阶段的发展,恒大地产集团综合实力显著提高,发展潜力日益凸显。2003年,恒大被评为广东房地产企业竞争力第一名。从2004年开始,恒大提出"二次创业"的号召,着力实施立足广州、布局全国、全方位拓展产业发展空间的经营战略。2004年,恒大首度跻身中国房地产十强企业,并在广州同步开发销售金碧翡翠华庭、金碧湾等十多个楼盘,在开发经验、品牌美誉度以及规模实力等方面,初步具备了全国拓展的条件。

迈向国际,跨越发展(2006—2008年):恒大已战略性地进入全国36个主要城市,拥有73个项目,规模与品牌已取得实质性的跨越。恒大一流的管理团队和成功的发展模式,取得了令人瞩目的超常规发展业绩,受到国际资本巨头的青睐。恒大累计在国际资本市场募集资金10多亿美元,已成为中国房地产企业迈向国际化的典范。

稳健经营,再攀高峰(2009年至今):2009年11月5日,恒大在中国香港联交所成功上市。上市当日,公司股票收盘价较发行价溢价,创下705亿港元总市值的纪录,成为中国在港市值最大的非国有房地产企业。2010年1月,公司成功发债7.5亿美元,创造了中国房地产企业全球发债的年度最大规模纪录。上半年实现销售面积334万平方米,位列全国第一;实现销售金额210亿元,位列全国第二。

未来,恒大将实现土地储备、销售额、销售利润均全国第一的目标。在赢得中国领先优势后,将进一步开拓国际市场,在已有的国际化基础上,寻求更多、更广泛的顶尖国际合作伙伴,并借鉴国际先进管理经验,构筑国际产业集群，打造全球化地产航母。

（3）突破重围，风骚独具。

2009年10月以来，在中国香港资本市场，卓越地产、福建明发、厦门禹洲等中资地产商相继启动招股，但由于种种原因，这些公司上市之路不断受阻，纷纷折戟香江。在市场扑朔迷离、险滩遍布的环境之下，恒大地产一举突破重围，成为中国内地房地产企业赴香港上市的最大亮点。

截至2009年10月28日公开认购结束，恒大地产公开发售部分获得超额46倍的认购，冻结资金接近300亿元，国际配售超购达11倍。对于恒大地产招股反应热烈，投资者认为，相对便宜的股价是吸引认购新股意向的重要原因。

此次恒大地产在港上市招股反应热烈，耀才集团市务总监郭思治表示，恒大地产这次卷土重来采取了较为进取的策略，主要是估值不高，股价折让大，令广大投资者认为物有所值甚至超值。为了保证此次上市成功，恒大地产最终定价每股3～4港元，相应市盈率5～6倍，最高融资额为数亿港元。按照恒大地产2010年预期净利润计算，其每股资产净值折让达39%～54%。此外，恒大地产计划每年派发盈利的10%作为股息，这也成为吸引投资者的一个重要原因。

根据中国房地产测评中心公布的数据，在2009年第三季度，恒大地产的销售面积及销售金额双双称冠，成为中国地产界最大黑马。截至2009年9月底，恒大地产合约销售额达231亿元人民币，较2008年同期增长逾3倍，期内已竣工未交付建筑面积约1730万平方米，持有现金约100亿元人民币。

市场人士分析，由于公司土地储备大、地价便宜、布局合理，同时其财务稳健，因此受到投资者的青睐。另有消息指出，恒大地产在这次招股过程中获得万名散户捧场，一举成为同期认购反应最热烈的新股，也是同期在港上市的几只中国内地房地产股中最大的"赢家"。种种因素令恒大地产在这次赴港招股中异军突起，一改同期中国内地地产企业赴港上市的低迷局面。

据统计，加上已通过聆讯和蓄势待发的企业，目前，排队赴境外上市的中国房地产企业超过30家，实际募集和计划募集的资金合计逾500亿港元。恒大地产的成功上市必将对这些房企的未来上市之举产生重大的利好影响。

（4）争相持股，趋之若鹜。

除了较高的性价比让投资者心动以外，中国香港金融大鳄的相继捧场，也为恒大地产此次成功招股助力不少，毕竟能让李嘉诚等富豪看中的股票，未来的发展潜力自然比较有保障。

据恒大地产有关负责人介绍，恒大地产以每股3～4港元定价，发售约16.1亿股，2009年10月22—28日公开招股。入市头两天就受到市场追捧，以致招股说明书加印了10万份。恒大地产入市，还吸引了多位中国香港知名富豪入股。新世界发展主席郑裕彤名下的周大福企业以及刘銮雄名下的华人置业早前已公布将认购恒大地产，涉及金额各为5000万美元。随后，李嘉诚确认通过长江实业以逾1亿美元认购，英皇集团主席杨受成则以私人名义认购逾亿港元。

相比同期拟上市的其他3只中国房地产股——卓越置业、明发集团、禹洲地产，恒大再度冲刺上市的热度明显要高些。有知情人士透露，香港恒生、远东银行已经为投资者申购恒大新股提供绿色通道，"利率不到厘，而此前新股一般的借款利率为2～3厘。这说明银行对恒大上市的前景更看好"。

同样看好恒大的还有证券界，恒大地产正式上市前夕，有券商公开表示，恒大地产2010年的营业额将暴增至410亿元，盈利将达到77亿元，较2009年预测盈利10亿元暴涨数倍。

（5）成功发债，强力续航。

2010年1月22日，恒大地产发布公告，宣布成功发行7.5亿美元优先票据，实际融资额约57亿港元，远远高出其IPO实际融资金额32亿港元。这距离其港股IPO仅仅两个多月。之前的IPO，显然并没有满足恒大地产的资金胃口。

恒大地产此次发行的7.5亿美元优先票据，期限5年，年利率为13%。恒大地产在公告中表示，所融资金将用于偿还结构担保贷款、为现有及新增物业项目提供资金、做一般企业用途。此处提到的结构担保贷款，是恒大地产自2007年起借入的4.329亿美元贷款。IPO以后，已经偿还1.756亿美元。这次发债的一部分资金，就是用于偿还剩余的2.573亿美元贷款。这就意味着，恒大发债融资超过1/3的金额，将用于偿还旧债。

上市仅两月就大举发行高息债，恒大地产对资金的渴求，从IPO所得资金的用途就可见一斑。根据招股书，其上市融资的63%将用于未支付的土地出让金及项目所需资金，31%用于偿还结构担保贷款，只有约6%用于一般营运资金。标准普尔企业评级董事李国宜表示，恒大的这次融资是比较成功的，融资的规模比其预期的5亿美元要高一些，而且，恒大地产这两年的销售情况非常好。过去的三年，恒大公司一直在扩张，销售款还没有完全收回来，销售回款实现后，2010年及2011年其财务指标会有很大改善，毛利率会直线上升。

（6）案例分析。

地产行业的投资多是长期性的投资行为，因此，地产企业对资金的需求限期较长并且数额巨大，通常都会采用股权和长期债券的方式进行融资，以满足资金需求。恒大地产作为2009年年底成功登陆中国香港联交所的中国地产公司，在三个月内相继进行IPO和长期债券发行使得恒大地产在中国香港上市企业中一枝独秀，风骚独具。恒大成功的IPO和发债使评级公司对其"发展历史较短却带有激进的扩张偏好"的评价不再只是口头。

恒大地产的历史较短，但是发展战略和扩张路径清晰而激进，在短短十多年的时间里完成了从艰苦创业、稳健发展、全国扩张到迈向国际的一系列蜕变，成为蜚声国内房地产行业的佼佼者，这也使得恒大在中国香港联交所的上市受到包括李嘉诚、杨受成、郑裕彤、刘銮雄等在内的中国香港富商的追捧。

从恒大IPO和发债所融资金的投向我们能清晰地看到，绝大部分用于偿还结构性的银行贷款和土地未结款项以及新增的投资项目，只有少量的资金用于一般性企业用途。这是因为恒大地产此前的债权性融资大部分为银行贷款，但是这些资金的投向却是恒大长期性的投资项目，从而使得长期资产挤占了短期负债，造成短期负债压力过大，此次的IPO和长期债用来置换长期投资中的结构性贷款，使得长期投资和长期融资相适应，形成良性的资金流动，保证短期充足的运营资金和偿债能力。当然，恒大发行长期债将使得企业的资产负债率接近60%，既增大了财务杠杆也增大了财务风险，恒大将不得不提高长期债的年利率，在这一方面也增大了企业的融资成本。

分析恒大的IPO和长期债发行的过程，我们能看到恒大之所以成功，有以下几方面原因：①是企业的发展非常好，有巨大的市场前景和投资潜力，从而获得资本的热捧；②恒大先用IPO融通的资金进行部分结构性贷款的偿还，然后发行长期债进一步调整企业的资本结构和相关财务指标，使得企业具有更强的抵御财务风险的能力；③恒大通过准确测算预期资金流量和财务风险并设定相应的债券发行利率，使得债券发行容易获得市场认可，为企业融通发展急需的资金，同时有效控制了融资风险。

此外，发行长期债券融资原则上应该投向长期的投资项目，从而调整企业资金的使用结构。为了债券的更好发行，企业一般会对债券进行信用增级和准确评级，从而获得资本市场的认可，同时还可以考虑设立偿债基金等安全有效的资金退出通道，有些方案的设计都是出于对投资者利益的保护。只有保证投资者的参与，资本市场才会勃发生机，企业才能通过合理融资渠道在资本市场上获得资金。

三、动产抵押融资

中小企业在我国国民经济中占据重要地位，为活跃经济、促进经济发展做出了巨大贡献。中小企业不仅是支撑中国经济建设和促进中国经济发展的基本力量，也是国家财政收入的重要来源，尤其是容纳社会劳动力的主要场所。因此，中小企业经营状况的好坏，直接影响着中国经济运行的稳定与否。然而，融资难成为制约中小企业进一步发展的一大障碍。为解决这一问题，引入动产抵押，它拓宽中小企业新的融资渠道，无疑具有重要的现实意义。

1. 动产抵押概述

动产抵押（Chattel Mortgage），是指债权人对于债务人或第三人不转移占有而供作债务履行担保的动产，在债务人不履行债务时，债权人有权依法就该财产予以变价出售并就其价款优先受偿的权利。该财产称为抵押物，债务人或第三人称为抵押人，债权人称为抵押权人。动产抵押具备不动产抵押所具有的一切属性。

（1）可以用于抵押的动产范围。

抵押权有法定和约定两种，法定的无论是否约定必须依照规定；法律允许当事人约定的，可以协商解决。2007年3月16日，第十届全国人民代表大会第五次会议通过的《中华人民共和国物权法》（以下简称《物权法》）中有明确规定，可以抵押的财产主要包括：建筑物和其他土地附着物；建设用地使用权；以招标、拍卖、公开协商等方式取得的荒地等土地承包经营权；生产设备、原材料、半成品、产品；正在建造的建筑物、船舶、航空器；交通运输工具；法律、行政法规未禁止抵押的其他财产。不得抵押的财产包括：土地所有权；耕地、宅基地、自留地、自留山等集体所有的土地使用权，但法律规定可

以抵押的除外；学校、幼儿园、医院等以公益为目的的事业单位、社会团体的
教育设施、医疗卫生设施和其他社会公益设施；所有权、使用权不明或者有争
议的财产；依法被查封、扣押、监管的财产；法律、行政法规规定不得抵押的
其他财产。

（2）动产抵押登记。

根据《物权法》及其他相关法规的规定，企业如果要进行动产抵押融
资，需要进行相关登记。关于登记机关，《物权法》和国家工商行政管理局发
布的《企业动产抵押物登记管理办法》都有比较明确的规定。《物权法》规
定，以现有的以及将有的生产设备、原材料、半成品、产品抵押的，应当向抵
押人财产所在地的工商行政管理部门办理登记。抵押权自抵押合同生效时
设立。

办理动产抵押登记，需要由抵押合同双方当事人共同向登记机关提交
《企业动产抵押物登记申请书》，并提供有关文件或者其复印件。企业动产抵
押物的登记事项包括抵押人，抵押权人，抵押合同，抵押物的名称、数量和价
值，抵押担保的范围，被担保的主债权的种类和数额，债务人履行债务的期限
等。根据登记事项设立的《企业动产抵押物登记簿》，可供社会查阅。

（3）相关会计处理。

企业将动产进行抵押及抵押期间，由于与该抵押动产有关的风险和报酬
并未转移，仍由抵押人持有、使用，并由抵押人自行承担该资产可能产生的风
险，因此，不需要对该资产同时进行特别会计处理，但企业应设置备查簿，记
录抵押财产的相关情况，包括该财产的存在状态、账面价值、抵押期限等。同
时，在期末财务报告中应该进行相关披露。

动产抵押融资并不是中国首创。据称，美国动产抵押融资已经占小企业
融资的70%左右。动产抵押融资方式以其门槛低、手续简便、办理周期短、融
资费用少的优势，必将成为国内那些银行融资困难的中小企业盘活动产的融资
新渠道。

（4）动产抵押融资对企业和银行的意义。

企业采用动产抵押这一方式能够提高资源利用效率，将动产资源化为资
金优势。企业拥有的机器设备既有其使用价值，又有交换价值。动产抵押既可
以满足企业继续利用其机器设备等动产的使用价值的需求，又能以其交换价值

作为融资担保实现资金需求，对活跃金融、促进经济发展有显著贡献。与此同时，引入动产抵押可以使企业获得发展所需资金，达到资金的优化配置。资金是企业发展生产的血脉，通过动产抵押融资，企业可以获得所需要的资金，避免资金对企业发展的制约作用，从而进一步扩大企业的规模，增加企业的经济效益。特别是当企业面临资金暂时周转不灵的时候，通过动产抵押融资可以避免企业破产的危险。此外，动产抵押相对来说融资成本较低，可以降低企业的资金成本。企业发行股票或债券融资的成本高，又受政策限制，非一般中小企业所能承受。因此，选择动产抵押可以降低企业的融资成本，解决企业的资金困难问题。

对于银行来说，动产抵押能够使银行将储蓄转化为投资，提高银行收益水平。据相关统计数据，我国金融机构人民币贷存比较低，银行资金流动性过剩问题比较严重，银行拥有丰富的储蓄资源却未能合理利用，导致资源浪费，没有获得应有的收益。面对中小企业的融资需求，金融机构普遍较为谨慎，这就导致银行存款不仅不能很好地为银行增加贷款利息收益，还有可能加大银行的资金管理成本。另外，引入动产抵押相对信用贷款还可降低银行的风险程度。在美国，动产抵押贷款非常普遍，银行接受的贷款抵押物中，2/3左右是应收账款和存货。有了这些动产作为抵押，银行也较为放心地向中小企业放贷，因为银行在企业违约的情况下有将抵押动产变现的权利，可以弥补银行的损失。

（5）中国动产抵押制度的缺陷。

在抵押权设定的标的物上，我国法律体系按照不动产和动产的不同性质确定其抵押的不同规定，这就造成不动产抵押和动产抵押的关系较为混乱，导致抵押权制度存在诸多问题。

第一，政府部门在我国目前实施的抵押登记制度中地位尴尬。抵押登记部门大多是行政机关，在抵押登记时有义务对主合同和抵押合同的具体内容及真实性进行审查，如果登记不实或存在过失要承担责任，这就导致政府直接面临的风险加大。而开展严谨的审查、扩大审查范围、加大审查力度必然会增加抵押登记的时间和成本，阻碍抵押担保业务的广泛开展，降低效率。

第二，我国尚未建立集中统一的抵押登记系统，抵押物登记较为混乱。依据相关数据，我国现有的抵押登记部门有十多家，分别负责不同类别的抵押物登记。而这些登记机构系统信息化程度比较低，相互之间没有联网，没有做到信息共享，登记信息处于相对分散、隔离状态，且缺乏透明度，增加当事人查询、检索的难度，不利于信息的充分和有效利用，降低了登记的公示效力；另一方面，多个部门负责登记，登记系统重复建设，增加整个登记系统的运作成本和管理成本，使当事人负担加重。

第三，动产抵押登记在实际操作中存在登记程序复杂、登记内容繁琐等问题，造成抵押登记时间长、成本高、难度大以及乱收费等现象。有些抵押登记期限与抵押担保期限不匹配，致使当事人在同一抵押合同内多次进行抵押权属登记的情况。

第四，动产抵押登记对抵押权的效力不统一，有的采取登记生效主义，有的则采取登记对抗主义。例如，根据《中华人民共和国担保法》的规定，"抵押合同自登记之日起生效"，即不登记不生效，采取的是登记生效主义；而其又规定，"抵押合同自签订之日起生效""当事人未办理抵押物登记的，不得对抗第三人"，则采取的是登记对抗主义，而且两种效力的区分缺乏合理的基础。

第五，动产抵押权优先受偿规则不明确。同一担保物上债权的优先受偿顺序在很多情况下难以确定，这就容易导致动产抵押债权悬空，不利于金融机构开展信贷活动，也就抑制了经济的发展。

第六，抵押权人的利益难以得到保障。比如，抵押人持有动产抵押物，抵押人可能会和第三人串通骗取抵押物，而抵押权人的物权就消失转化为抵押人的一般债权，抵押权人的优先受偿权就消失，对其是不公平的。

（6）完善动产抵押融资制度的建议。

首先，企业在日常经营中要树立信用意识，良好的信用有利于和银行建立长久合作的关系，能促进企业的长远发展。很多中小企业在发展过程中信用意识不强，为了减轻一时债务负担，面对贷款合同时往往选择违约，严重损害了公司的信誉，一次违约就难以再获得银行贷款支持，企业为一时之快遭受了长久损失。同时，要引导中小企业采用规范的结算方式，改变中小企业大量使用欠条的习惯，扩大使用银行承兑汇票、大力推广商业承兑汇票，通过规范管理、积极引导，稳步使用扩大商业承兑汇票，从而为中小企业应收账款提供合法有效的物权凭证，为应收账款和存货等成为动产抵押的主力品种创造必要条件。

其次，商业银行要不断提升创新能力，增强竞争力和防范风险的能力，向多元化方向发展。国内银行引进外资就是一个非常正确的决策，有助于解决中国银行体系不够多元化的问题，在学习国外先进经验的同时建立起自己的银行创新激励机制，发展多种金融衍生产品，推进金融市场的国际化。银行可以成立专门的动产抵押信贷部门，把动产抵押业务同其他信贷业务区分开来，配备专业人才成立信贷部，加强动产管理的研究，并定期开展培训，提高动产管理水平。

再次，加快我国信用体系建设，为企业申请贷款提供帮助的同时也降低商业银行的风险。根据目前中小企业融资现状，我们在继续完善现有中小企业融资体系的同时，政府必须尽快推进以个人和企业信用为基础的信用体系建设，放宽政策限制，制定相关法规，允许和保护合法动产抵押融资，这是当前缓解中小企业融资难的重要方式。因此，要推进各类市场主体信用制度的建立和完善；要加强组织协调，实现对各类市场主体信用监督管理的社会化；要不断规范中介组织的行为。

最后，尽快建立中国动产担保公示登记系统。可按政府主导、央行监管的模式建立统一的动产登记管理中介机构，统一动产审查的原则标准、公示方式、登记程序和手续，并由其发布担保公示信息，贯彻"一物一权"原则，建立信息发布平台和查询系统，向信贷人提供准确规范的查询和检索服务，通过动产公示，打上标记，交付留置权，防止多头重复抵押，切实保障信贷人权利。

2. 案例：启东市库存钢板动产抵押融资

2010年1月11日，启东市沿江船舶工业带的一家船舶加工企业内，吊车往来，焊花四溅，一派红火景象。该企业刚刚通过库存钢板动产抵押，得到近千万元的贷款。2009年，启东市工商部门共办理动产抵押变更78件，新增动产抵押登记49件，帮助企业融资金额接近6亿元，抵押物价值超过14亿元。

动产抵押已成为启东市企业融资领域的"新宠"。据了解，相比有限的厂房、土地等固定资产，很多中小企业更青睐于动产抵押贷款进行融资。《物权法》扩大了可以用作担保的动产范围，比如企业现有及将来的生产设备、原材料、半成品和产品、应收账款等都可以用作担保。特别是应收账款可以用作担保，为企业向银行贷款增加了筹码。

为方便企业办理动产抵押，启东市工商部门将办理动产抵押登记的各项须知公示，主动与企业联系、告之注意事项并对重大项目开通绿色通道，实现全天候服务，做到了受理快、审查快、核准快、发证快。

3. 案例：重庆市基本建设动产抵押融资

动产抵押融资在城市基本建设领域发挥了重要作用。以重庆市为例，2010年上半年，重庆轨道交通（集团）有限公司利用动产抵押向工商银行融资13亿元，重庆建工集团利用动产抵押向银行融资5.1亿元。这些项目的融资加快了城市基础设施建设，促进了重庆经济社会又好又快发展。

4. 案例：百荣世贸租金证明动产抵押融资

（1）案例基本情况。

百荣世贸商城是目前北京规模最大的现代化商品批发及物流中心，并被确定为北京市重点商业建设项目。商城现有经营商户近万家，经营范围包括各类服装、小商品、高档箱包、皮具、鞋类、小百货等，已经成为华北最大的服装、小商品批发中心。

民生银行给予百荣世贸商城的商户批量授信额度5000万元，由北京百荣易成担保有限公司提供全程连带责任保证，商户单笔授信额度不超过100万元，授信期最长两年，单笔贷款期限最长1年，要求客户在商城经营两年以上。

梁先生是百荣世贸商城的商户，因扩大门店需要资金周转，而梁先生又无任何房产能够提供抵押，而且也不愿意拿名下存款质押在银行，仅能提供与商城签订的两年租约以及3个月租金的交付证明。在其他各家银行贷款均碰壁后，他来到民生银行办理"商贷通"贷款，民生银行经过审批，给予借款人30万元期限6个月的短期贷款，及时解决了客户扩大经营规模的资金需求。6个月贷款利息总计8019元，且借款人可随时提前还款，不收任何违约金和手续费，不限制还款次数。

（2）案例分析。

不动产的抵押融资方式在资本市场上的应用由来已久，但由于法律和相关行政法规的滞后，中国的动产抵押融资一直徘徊不前，直到近年来才逐步破冰，动产抵押贷款在解决中小企业融资难的问题上开始显现其独特的优势。

动产抵押的最大特点在于抵押人可以在继续保留对其动产占有的情形

下，将该动产用于担保。一方面，抵押人以该动产的交换价值作担保，可以取得信用获得融资；另一方面，所有人仍可以继续占有、使用该动产，从而能够充分发挥标的物的使用价值。

2007年中国《物权法》的颁布实施，进一步促进了动产抵押融资的发展，其促进作用主要体现在对可抵押物范围的界定上，根据《物权法》第180条的规定，可以抵押的动产包括法律、行政法规未禁止抵押的其他财产；同时，根据第184条的规定，不得抵押的动产包括法律、行政法规规定不得抵押的其他财产。《物权法》使用了两个"其他"这种概括性的规定，表明《物权法》实际上没有限制可抵押动产的范围。这就大大增强了企业尤其是中小企业，利用动产抵押贷款获得融资的便利性。案例中的船舶加工企业用库存钢板进行抵押，重庆轨道交通集团利用建设动产进行抵押，而个体业主甚至能用租金证明进行抵押贷款，这些都是对可抵押动产的丰富，使得现实当中企业和个人能够更多地利用自身所占有的动产进行临时性的融资，缓解资金周转的压力。

中国之所以在动产抵押方面迟迟得不到快速的发展，就是因为对可抵押物的界定不清。然而，对抵押物不加限制也是不现实的，如果一枚戒指、一套红木家具这样的动产都可以设定抵押，那就会加大交易的风险。即使某一具体的动产已经办理了抵押权登记，但人们从外观上无法看出来，而要求人们在日常的动产交易中都查阅登记簿是非常不现实的，并且大多数的动产由于价值低微，根本就不适宜用来作为抵押权的标的。因此，应当从价值和现实需要两方面来限制可抵押的动产范围。首先，该财产应当具备相当的交换价值，适合作为借债的担保，而且是很优良的担保物。一般的价值较小的动产，根本无法起到担保的作用，设立抵押也就没有必要，只会徒增交易成本。其次，该财产应该具有相当的使用价值。就动产而言，如果当事人之间决定采用抵押而不是质押的方式，也应该是出于这样的考虑，最大限度地利用抵押物的交换价值，达成当事人间的双赢。动产抵押必须是出于物尽其用这个目的，否则就有可能成为人们用来恶意串通损害他人利益的工具。因此，立法限制抵押物的范围时，应当考虑该抵押物是否具有相当的使用价值。

鉴于中国在动产抵押方面经验不足，相关法律法规和制度建设并不完善，因此，企业在考虑利用动产抵押的方式进行贷款融资时，一定要事先了解清楚现行的动产抵押规章制度以及相关法律程序，最大限度地降低法律风险。

同时，在动产的选择上，要能够充分利用动产抵押的特性，提高财产的利用效率，发掘自有财产的价值，而在与行政部门和银行等金融机构打交道的过程中，要对申办流程和相关规定清楚明确，既保证动产抵押融资的成功，又能维护好自身的权益。

四、无形资产质押融资

1. 无形资产质押概述

无形资产质押是指债务人或第三方将其可以依法转让的商标权、专利权及非专利技术等移交债权人占有作为债权的担保，债务人或第三人为出质人，债权人为质权人，用以质押的无形资产为质押物。无形资产质押贷款为科技企业融资开辟了新渠道，为鼓励企业自主创新、实施品牌战略及促进金融流通、防范金融风险、优化资金资源的配置提供了新的思路。

20世纪90年代，专利、商标等无形资产所具备的价值逐渐得到认可，无形资产质押融资是否有可行性，市场也开始探索。我国于1995年颁布的《担保法》中明确规定依法可以转让的专利、商标专用权中的财产权可以质押。

随后，一些企业和银行进行了试点，如1997年南通樱花化妆品有限公司以商标权为质押从银行获得600万元贷款。近年来，虽然国家和各省为了支持中小企业发展出台了不少政策，鼓励银行为企业提供无形资产质押贷款。但由于无形资产质押的特殊性，银行行动并不积极，各地仍是零星、小范围的试点，在更大范围内推广实施困难重重，不少企业的质押要求甚至遭到拒绝。

这主要是因为国内对无形资产质押还存在一些疑虑，如无形资产的可质押性，即其充当担保标的的依据，出质双方权益的保全等。在实际操作中，无形资产质押专业性强、风险大、涉及问题复杂，现有监管制度还不完善，只有克服这些困难，制定科学合理的操作规范和程序，才能有效推动这项业务顺利开展。

2. 中国无形资产质押的可行性分析

（1）超额收益性和财产属性是无形资产可质押的价值基础。

无形资产要充当担保标的用于质押，必须具备一定的条件。根据法理学的相关知识，任何担保标的物或权利都应具备一定价值并具有财产权的性质。担保物必须具备一定价值，债权人才能在债务人违约时，通过担保物来实现自己的债权，达到保证债权的目的。财产权是民事权利主体所享有的具有经济利益的权利，它具有物质财富的内容，可以用货币进行计量。财产权包括以所有权为主的物权、债权及知识产权等。无形资产具有价值和使用价值，能为投资者创造收益，并且能带来比一般企业盈利水平高的超额收益。无形资产的价值主要体现在其超额收益上。虽然无形资产没有实物形态，但它能够借助有形资产为载体，对企业的生产经营长期持续发挥作用，并能带来超额预期收益，其价值量的大小即是它为企业创造超额收益的多少。无形资产的超额收益性使其具有财产的属性，其专有权属财产权，拥有无形资产即享有其收益权。如专利权、商标专用权等即属于财产权，其价值可以用货币计量，所有人享有对它们行使占有、使用、收益和处分的权利。

（2）无形资产财产权的可转让性确保了其质押的可行性。

充当担保标的的物品和权利必须具有可转让性，只有这样才能保证当债务人违约时，债权人可以合理处置担保标的，或是拍卖或是变卖，将所获得的资金作为补偿。我国《担保法》明确规定，只有依法可以转让的权利才能设定担保。专利、商标等多数无形资产，除了法律或协议有规定的特殊情况外，均可以转让或交易。由此可知，无形资产作为质押品必须满足两个条件：一是该标的为所有权之外的财产权，具有财产属性是无形资产用于质押的首要条件；二是该无形资产具有可转让性。无形资产通常要符合这两个条件才具备充当担保标的的资格。当然这两个条件只是无形资产可用于质押的必要条件，并不是充分条件，对于具体的无形资产还要进行具体分析。

无形资产的特殊性为相关领域的立法提供了参考，立法时应借鉴知识产权的概念，认定商标、专利等无形资产能充当担保标的的，只是其专用权中依法可转让的财产权，并将其归为权利质押。质押权具有优先受偿性。动产质押必须转让动产的占有权，但权利质押是否转移占有权不能一概而论。出质人将专利、商标等有关权利质押后，其生产经营仍必须依赖有关质押专利和使用商标专用权，只有继续使用这些资产才能获得收益。如果交付占有，无形资产不具有实物形态，质权人很难实施占有，而且无形资产专用权交给质权人，不允许出质人继续使用，无形资产将发挥不了任何作用，甚至会失去其价值。实际上，作为无形资产的出质人，仅以无形资产的财产权来出质，在法律上仍是该权利的主体，因而仍有利用该权利的资格，而质权人取得以该权利的交换价值来担保的权利，并非为该权利的主体，因而无使用该权利的资格。因此，无形资产出质之后，出质人仍有继续使用权，不能因出质而丧失其使用权。

高新技术的发展和科技的进步推动了新型无形资产不断涌现，无形资产具备的特性也日益广泛。但并不是所有无形资产都可以用于质押，只有符合一定条件的无形资产才能作为质押品。无形资产作为质押标的除应具备财产属性和可让与性外，还必须是依法取得、合法有效且在法定保护期内的，否则该权益不受法律保护，更谈不上质权人利益的保护。比如，专利权、商标权质押就要考虑其地域性和时间限制，无形资产的法定有效期限应该比质押的期限长。企业的非专利技术或商业秘密，通常不受国家法律保护，质押后一旦泄露秘密，质权人要承担很大的风险，因此不适合质押。中国《担保法》中明确规定可出质的无形资产仅有专利和商标专用权，显然种类太少，范围太窄。实际上，企业的品牌、依法可转让的特许权、植物新品种、计算机软件及集成电路设计权等，同样符合无形资产质押的条件。随着经济发展和中国无形资产质押制度的不断完善，会有更多的无形资产用于质押。

3. 建立健全无形资产质押融资体系

加紧建立健全无形资产质押融资体系势在必行，在推行的过程中难免会遇到问题和困难，为了尽快建立无形资产质押融资体系，要从以下几个方面着手：

（1）提高企业及银行的认识，尽快制定操作规范。

无形资产质押能带来巨大经济价值，应加大宣传力度，让企业和银行都能认识到无形资产质押的重要性。对企业来说，要顺应高新技术的发展，不断提升自主创新能力，完善对无形资产的管理，重视对无形资产进行开发、保护和利用，将无形资产融资作为企业发展过程中重要的融资手段之一。对银行来说，要尽快建立无形资产质押融资具体操作流程。首先，确定无形资产质押的条件与范围，在明确商标、专利等可质押的基础上，探索依法可转让的特许经营权、计算机软件及集成电路布图设计权等无形资产质押的可行性。其次，各银行应尽快制定无形资产质押管理办法，合理设计信贷品种，对无形资产质押贷款年限、贷款折扣率、合约签订等细节做出明确规定，使其更具可操作性。加强对信贷审查人员的培训，并利用相关中介机构的专业服务，确保质押业务的顺利开展。

（2）完善计量和评估等中介服务。

无形资产价值的确认是一大难题，要从理论和实践两方面入手，探索其评估方法。理论上加强无形资产会计和评估理论的研究，寻找更为科学合理的无形资产价值确认、计量方法，使会计信息更准确真实地反映企业无形资产的状况；实践中改进无形资产评估方法，建立统一规范的评估标准，建立从业人员准入制度和评估机构信誉等级制度，加强对评估机构的监督管理，提高评估人员的专业水准和职业道德水平，保证评估结果的客观、公正和权威性。

（3）完善无形资产质押合同登记管理制度。

完善无形资产质押合同登记管理制度，要求各参与主体协同合作，信息共享，共同促进。政府部门要探索监管体系建设，设立专职部门负责无形资产质押合同登记管理。也有学者建议将知识产权局与商标局合并，如果得以实现，由合并后的部门设专门机构统一负责无形资产质押合同的登记管理，也不失为一种可行有效的办法。

（4）建立风险分散和补偿机制。

无形资产价值实现的过程中存在一定风险，建立风险防范和补偿机制就显得尤为重要。无形资产价值不稳定和不确定的特点容易给银行带来风险，银行可以建立风险分散和补偿机制，通过多种方式降低风险，如：鼓励信用担保机构为企业无形资产质押提供担保，允许企业以无形资产再辅以企业主要负责人的个人信用做连带质押，实行有形和无形资产捆绑式质押贷款，并建立相应的风险控制及补偿机制。通过这些方式降低金融机构的风险，提高银行贷款的安全性，确保质押成功。

（5）健全无形资产产权交易市场。

银行较为关注无形资产的流动性程度，不具备流动性的无形资产对于银行来说无法带来价值。建立活跃的无形资产交易市场，方便质押物转让或拍卖，能够保障债权的实现。早在1999年，上海就率先创建了技术产权交易市场。要进一步完善这些交易市场，健全中介服务，保证无形资产质押业务顺利开展。

（6）建立健全相关的法律法规。

完善的法律法规对于无形资产质押来说异常关键。担保法应对无形资产质押加以明确，指明具体操作流程。还应明确无形资产质押的条件和范围，质押合同的具体内容、生效、变更及注销的条件和程序，出质双方和第三人的责任与义务，权利实现的保障措施。进一步完善质押合同登记管理制度，对相关职能部门的权利和责任做出明确规定。完善无形资产评估业的政策法规体系，有效调整政府主管部门、中介机构以及占有者和使用者之间的种种关系，界定各方的权利、责任和义务，规范从业人员的性质、标准和职业道德，保障无形资产的占有者、使用者的各种权益，使无形资产评估有法可依。

4. 案例：北京市科委知识产权质押贷款

2006年10月，北京市科委在国内首开先河，联合交通银行北京分行面向中小企业推出"展业通——知识产权质押贷款"，通过将中小企业所拥有的、合法有效的知识产权变现，破解中小企业融资难题。截至2008年8月，已有31家企业成功申请到知识产权质押贷款，金额共计2.9亿元，这些资金助企业破解融资难题一臂之力。

（1）知识产权"闲置"惊人。

从中小企业发展来看，在研发和中试阶段依靠自有资金和企业自身积累尚可缓解资金压力，但进入规模化发展阶段，则面临巨大的资金缺口，这时外源性资金较少介入，众多中小企业由于资金不足无法扩大生产，眼看着市场机会从身边溜走而束手无策。

据交通银行北京分行统计，北京市科技型中小企业存在着5000亿元的资金缺口，而目前落实到位的资金不到1000亿元，每家企业平均仅获30万元，远远低于企业发展对资金的需求。从有效需求来看，占全国企业99％以上的中小企业获得的贷款资源还不超过20％。

究其原因，科技型中小企业由于规模小、风险大，没有足够的资产进行抵押，银行传统的信贷模式无法适应中小企业高风险性特征，造成了信贷工作落实难。虽然国家设立了扶持和鼓励中小企业发展项目、促进科技成果转化基金，但难以满足广大科技型中小企业对资金的需求。此外，国内风险投资、创业基金和担保等行业发展尚不完善，也使科技型中小企业融资渠道狭窄。

为解决中小企业融资难的突出问题，《国家中长期科学和技术发展规划纲要（2006—2020年）》及其配套政策都明确规定，鼓励金融机构改善和加强对高新技术企业，特别是对科技型中小企业的金融服务，支持企业自主创新。

然而，科技型中小企业往往"轻资产"甚至无资产，传统抵押物、质押物的匮乏已严重制约着企业的正常融资需求。尤其是随着中小企业规模的不断扩大和数量的不断增加，企业融资难问题也日益凸现和严峻起来。这从客观上要求商业银行要因势利导改善旧有业务模式，探索新的业务领域。

交通银行北京分行零售信贷管理部总经理张鑫介绍说，截至2006年9月4日，国家知识产权局授权的专利共有163万件，但是在知识产权局进行专利权质押登记的合同只有295个，涉及专利682项，质押总额近50亿元人民币。

在这种背景下，北京市科委和交通银行北京分行瞄准中小企业贷款难这一症结所在，着力盘活知识产权无形资产，为广大优质科技型中小企业打通了便利的融资渠道。

（2）转化盘活无形资产。

开展知识产权质押贷款，最大的突破是知识产权可以作为质押物。专利权可以用于质押，无疑开辟了一个新的贷款途径。按照目前规定，发明专利、实用新型专利、商标等知识产权可用于质押贷款。

在现阶段，争取银行贷款仍是高新技术企业的主要选择，而中小企业在申请银行贷款时往往面临抵押物不足的问题。这是因为与传统型企业不同，科技型中小企业大多没有不动产可以抵押，它们所拥有的大多是无形资产，是知识产权。

虽然中国1995年颁布和实施的《担保法》第一次规定了权利质押（包括知识产权质押），但由于条件尚不成熟，银行顾虑重重，在具体操作过程中有很大的难度。此次政策打破了以往无形资产不能质押担保贷款的"坚冰"，为破解中小企业融资难题和为盘活知识产权无形资产提供了借鉴。

此外，知识产权质押贷款是一种完全符合市场规律的商业模式。由于科技型中小企业风险大，缺乏不动产抵押担保，不确定因素较多，这对知识产权质押贷款的设计提出了更高的要求。张鑫表示，考虑到中小企业用款"急、频、小"的特点，交通银行特别针对中小企业贷款实行了"个人签批制"，免除了贷审会集体审议环节，大大提高了审批效率。一般情况，客户自申贷资料提交齐备后两周左右即可获得贷款。目前，交行的知识产权质押贷款期限一般是1年，最长3年；贷款金额根据企业规模确定，最高不超过人民币3000万元。

（3）四方联手控制风险。

由于知识产权的无形特点，知识产权质押贷款目前主要存在法律、估值和处置三大类风险，涉及知识产权权属认定、侵权风险、替代技术风险、价值稳定性、变现能力等许多法律和技术问题。如无形资产价值的评估问题，现阶段还存在较多的不确定性，导致无形资产的评估价值往往与实际价值偏离较大；再如无形资产质押出现坏账时的变现问题，目前国内无形资产的交易市场还不够健全，变现较为困难。

为此，北京市科委与交通银行共同打造了一种新的业务模式，即由知识产权评估机构进行价值评估、律师事务所进行法律评估、引入担保公司在必要时过渡性转让不良债权，银行与合作机构四方共同打造业务操作与风险控制平台，向中小企业发放知识产权质押贷款。

在受理企业贷款申请时，知识产权的变现能力对于银行判断还款来源的可靠性和贷款的风险度至关重要。银行要指定专业评估机构对无形资产进行价值评估，知识产权的市场获利能力、价值稳定性、变现能力等是影响评估价值的重要因素。

据连城资产评估有限公司总经理刘伍堂介绍，知识产权评估过程中需具体考虑专利的可转移性（即别人是否可以使用这项专利）、是否有其他专利对这项专利构成影响、专利的获利能力和收益风险、专利年限等，商标则需考虑注册范围、同行业知名度、在消费者中的影响度等因素，最大限度地降低知识产权质押贷款的估值风险。

另一方面，过渡性担保公司的引入，在一定程度上解决了贷款银行在知识产权质押贷款出现违约时的处置风险。

（4）拓宽贷款渠道。

交通银行北京分行2010年扩大了知识产权质押贷款的试点范围，将试点支行从去年的4家增至8家，并于2010年6月成立了北京地区首家独立核算、单独考核的中小企业金融服务专业支行，对外称为"中小企业金融服务中心"，为中小企业提供信贷、财务顾问、个人金融、结算等一揽子服务。

知识产权质押贷款业务蓬勃发展的背后是良好的社会效益和经济效益。从2006年10月31日发放的第一笔知识产权质押贷款至今，知识产权质押贷款已在广大中小企业客户群体中形成了较高的品牌知名度和美誉度。截至2008年8

月20日，交通银行北京分行已累计向31家企业发放了37笔知识产权质押贷款，共计2.9亿元。其中专利质押贷款5745万元，商标质押贷款2.4亿元。信贷投向涉及生物医药、新型材料、电子科技、奥运经济等多种行业。迄今为止，企业还款情况总体良好，未出现不良贷款。

据了解，评估、保险、担保等程序产生的各项中介费用，一般占贷款金额的4%以下，再加上贷款利息，对中小企业压力较大。因此，北京市科委计划设立专项资金，对已偿还贷款的企业推行贷款贴息政策，从而使更多的企业能通过知识产权质押贷款真正缓解资金压力。

2008年7月22日，知识产权质押贷款再添生力军——北京市科委与北京银行签署知识产权质押贷款协议。根据协议，北京银行将在未来3年内向北京市中小科技企业发放知识产权质押贷款3亿元。

北京市科委表示，下一步将联系更多银行开展知识产权质押贷款业务，从而拓宽企业贷款渠道。同时，充分发挥政府引导、协调、扶持和服务职能，整合政府、银行、中介机构、社团组织的服务资源，定期组织企业召开"知识产权质押贷款"专场培训，搭建银行与企业的沟通平台。

（5）案例分析。

中小企业融资难是一个被提及无数次的老话题，但是解决的方法总是乏善可陈，究其原因，中小企业的经济规模较小、运营管理能力欠缺、财务状况不佳、信用资信不足是主要问题。科技型中小企业由于规模小、风险大，没有足够的资产进行抵押，银行传统的信贷模式无法适应中小企业高风险性特征，造成了信贷工作落实难，中小企业融资更为困难。然而，科技型中小企业的优势在于其自身的专利权等自主知识产权的占有比例较大，这种无形资产可以说是很多初创的科技型中小企业唯一的财产，依靠这些企业自身的积累资金在技术研发与产品设计阶段也许能够勉强维持，但是当技术要走向全面应用、产品要广泛走向市场的时候，自有资金远不足以应付，因此，如何利用自身的无形资产进行融资，是科技型中小企业必须解决的一个关乎企业发展命运的问题。

无形资产质押贷款为科技企业融资开辟了新渠道，对于鼓励企业自主创新、实施品牌战略及促进金融流通、防范金融风险、优化资金资源的配置提供了新的思路。然而，无形资产区别于有形资产的独特性，使得国内在推动无形资产质押融资的发展上步伐缓慢。首先，无形资产的界定非常困难，通行的主要是专利权和商标权，而对于著作权、商誉、品牌、特许权等无形资产是否可以进入质押范围还有待观察；其次，无形资产通过质押并不能为质权人所实际占有和使用，因为无形资产只有结合相对应的生产、运营和市场行为才能显现价值，如果出质人不能继续使用质押将无法产生收益，这给银行与企业之间进行质押方案的设计和过程管理带来了不确定性；再次，无形资产价值波动性大，且通常不具备很大的流动性，因此质权人将要承担很大的市场风险，而且对于这种风险的控制，质权人有时候显得无能为力。这些原因的存在使得无形资产质押贷款融资"雷声大雨点小"，很难形成气候。然而，近年来通过政府相关部门、银行等金融机构以及企业自身的努力，无形资产质押才逐步焕发生机，北京市科委在国内首次开创知识产权质押贷款融资的先河，是科技企业拓宽融资渠道的有益尝试，具有深远的影响。

北京市科委的这次尝试，旨在利用大量被闲置的无形资产进行质押融资，帮助科技企业走出举步维艰的融资困境。知识产权质押贷款是一种完全符合市场规律的商业模式。开展知识产权质押贷款，最大的突破是知识产权可以作为质押物。专利权可以用于质押，无疑开辟了一条新的贷款途径。为了顺利推进这次知识产权质押贷款融资，为无形资产质押融资"破冰"，北京市科委尤其注意方案的设计与风险的控制。

这个方案的设计充分考虑了无形资产的独特性，在资产界定、估值、处置和风险防范上进行了有益的尝试，确保了在现有法律程序和行政法规许可下，最大限度地盘活科技企业的无形资产，使其能够增强收益性、增强流动性、降低风险性，为成功进行资产质押提供了基础，从而能够拓宽企业的融资渠道，破除企业发展的资金瓶颈。

五、供应链融资

经济的快速发展促进了社会化生产的出现，单一个体不断发展衍生成为小的群体，而市场竞争也由单一客户之间的竞争转变为供应链与供应链之间的竞争，同一供应链内部各方相互依存，形成利益统一体。与此同时，由于赊销已成为交易的主流方式，处于供应链中上游的供应商，很难通过"传统"的信贷方式获得银行的资金支持，而资金短缺又会直接导致后续环节的停滞，甚至出现"断链"。维护所在供应链的生存，提高供应链资金运作的效力，降低供应链整体的管理成本，已经成为各方积极探索的一个重要课题，因此，"供应链融资"系列金融产品应运而生。

1. 供应链金融的产生和特征

中小企业数量众多，各有特色。而商业银行在审核中小企业的贷款申请时却总是按照同一种模式进行评估，并没有针对每一家中小企业的特点单独进行判断其是否具备偿还能力。这就造成有些具备偿还能力的中小企业遭到"错杀"，例如，有些中小企业虽具有一定的偿还能力，可这种偿还能力往往是基于真实的交易背景，并不会由账面财务信息反映出来。特别是当这些企业没有可供抵押的、有效的固定资产时，银行会因不能有效甄别企业信息而拒绝给企业进行融资。因此，为了解决企业与银行之间的客观矛盾，供应链金融应运而生。供应链金融是在物流金融基础上的创新，它在物流金融的基础上将融资从商品销售阶段延伸到采购和生产阶段。因此，供应链融资模式在一定程度上有助于缓解与核心企业打交道的中小企业融资难问题。

为了降低生产成本，大型企业通常会采用"业务外包"和"全球性外采"这两种方式。大型企业以其良好的信用度和较强的财务实力为依托，打造了一个包含上下游中小企业稳固的"生态链"。当生态链中的中小企业面临融资难的困境时，寻求解决方案就不能仅仅着眼于单一个体，而应从整条供应链出发来寻找中小企业融资的新途径。

2003年，深圳发展银行率先提出了"1+N"的新型融资模式，即利用供应链产业集群的网络关系，将核心企业的信用引入对其上下游的授信服务之中，并开展面向供应链成员企业的批发性营销。其中"1"是指供应链中的核心企业，该类企业一般都是大型高端企业，构成银行信贷风险管理的"安全港"；"N"是指处于核心企业上下游的供应链成员企业。随后，深圳发展银行又于2005年提出了"供应链金融"这个概念产品，它是商业银行授信业务的一个专业领域，也是企业尤其是中小企业一种新型的融资渠道。所谓"供应链金融"，是指在对供应链内部交易结构进行分析的基础上，运用自偿性贸易融资的信贷模式，引入核心企业、资金流导引工具、物流监管公司等新的风险控制变量，对供应链的不同单个节点提供封闭的授信支持及其他理财、结算等综合金融服务，其目的在于实现供应链中核心企业、上下游企业、第三方物流企业及银行等其他参与机构的合作共赢。供应链金融实际上是整合了"产—供—销"链条上的所有资源，对供应链上的单个企业直至上下游链条多个企业提供的全面金融服务，以促进供应链核心企业及其上下游配套企业"产—供—销"链条稳固和流转畅顺。这样一来，银行不仅加强了和企业的合作关系，拥有了相应未定的企业客户，经营风险也随之降低，经营效益也获得了一定的提高。

供应链金融的主要参与方包括大型企业、金融机构、中小企业以及物流企业。大型企业在供应链中占据主导和核心地位，金融机构在供应链中为中小企业提供资金支持，在供应链的各个环节，通过与物流企业、核心企业合作，根据预付账款、存货、应收账款等动产设计相应的供应链金融模式。中小企业在生产经营中受经营周期的影响，预付账款、存货、应收账款等流动资产占用着大量的资金，而在供应链金融模式中，可以通过货物质押、应收账款转让等方式从金融机构获得融资，把企业资产盘活，将有限的资金用于业务扩张和产品生产，从而减少资金占用，提高资金利用效率。物流企业是供应链金融的主要协调者，一方面为中小企业提供物流、仓储服务；另一方面为银行等金融机构提供货押监管服务，搭建银行与企业合作的桥梁。

就供应链金融的优势而言，有以下几个方面：

第一，有利于弱化银行对中小企业本身的限制。供应链金融是围绕着某个产业链上的核心企业，为其他中小企业提供全面的金融服务。因此银行的服务对象并不是单个企业本身，而是针对整个产业的供应链。同时，银行的信用风险评估也是从对中小企业静态的财务数据评估到整个供应链交易风险的评估。

第二，有利于缓解银行信息不对称的程度。供应链金融是将中小企业放在整个供应链中加以考虑，处于供应链中的企业信息比较畅通，银行可以随时掌握和控制其潜在的风险，降低了企业的逆向选择风险和道德风险。同时，供应链中的中小企业聚集在一起，企业间信息相互交流，其产生的信息聚集合成了更多产业链内部信息。通过这种方式银行从中获取了大量的信息，减少了自身信息收集的成本和交易成本，进一步促进银行放贷的积极性，形成良性循环。

2. 融资模式与优势分析

（1）应收账款票据化融资。

应收账款票据化融资是供应链融资的重要组成部分，这种融资方式立足于公司现金流，将未到期的应收账款票据质押给金融机构从而获得资金。应收账款票据化融资有助于企业获得商业银行提供的短期信用贷款，能够缓解企业短期融资需求。而应收账款票据化融资参与方众多，能起到牵一发动全身的效果，有利于促进整个供应链持续高效的运作。应收账款融资模式如图2-2所示。

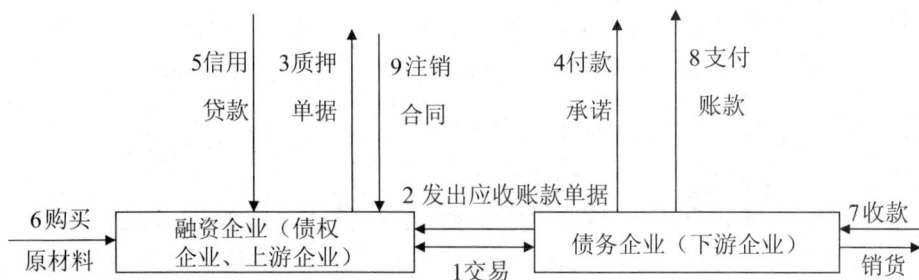

图2-2　应收账款融资模式

应收账款融资模式竞争优势如下：

第一，应收账款融资扩宽了中小企业融资渠道。传统的银行信贷方式着重关注企业的资产负债情况和整体信用情况，而应收账款融资以经营中的合同为基础，通过转让债权获得资金支持，以融资企业产品在市场上的被接受程度和产品盈利情况为依据，关注融资企业特定资产的现金流表现及其客户的付款能力，这正好规避了中小企业财务经营不甚理想、难以获得银行授信的不利之处。同时，应收账款作为抵押品具有变现、易保管的特点，且融资机构享有追索权，与信用贷款相比常被视为较为安全的融资方式，容易被融资机构接受。

第二，应收账款融资可以减轻企业管理负担和降低企业坏账风险。由于应收账款资金不能够及时回收致使企业产生了投资机会成本，与此同时，企业还要承担应收账款的整理、跟踪、催收等管理成本，坏账损失也是企业资金正常周转的巨大威胁。

第三，应收账款融资能够显著提高中小企业信用水平，改善其财务情况。应收账款融资属表外融资，并不在资产负债表中显示，与传统信贷融资比较，应收账款融资可以提高企业的现金比率和流动比率等财务指标，降低企业的财务风险。

第四，应收账款融资可以改善整个供应链的债务情况。应收账款融资，融资机构要求客户具备相对稳定的销售渠道和良好的信用记录，以此来降低自己的金融风险。

第五，应收账款融资可以促进融资银行的利润增长。采用应收账款融资，一方面，可以使中小企业资金融通；另一方面，有利于我国商业银行提高资产质量，增加经营收入，实现新的利润增长。

（2）保兑仓融资模式。

处于供应链下游的企业往往需要向上游供应商提供预付账款，才能持续获得企业生产经营所需的原材料、半成品等。对于短期资金流转困难的企业，可以采取保兑仓融资模式，从而获得银行的短期信贷支持。保兑仓融资模式是一项在供应商（卖方）承诺回购质押货物的前提下，融资企业（买方）可以向银行申请贷款额度的融资业务。保兑仓融资模式基本流程如图2-3所示。

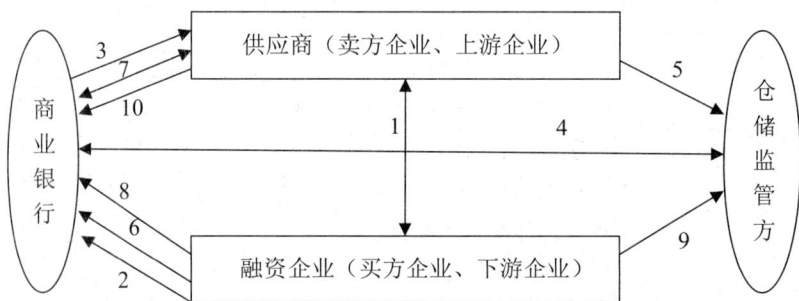

图2-3　保兑仓业务基本流程

保兑仓融资模式的优势如下：

首先，对生产商（卖方）而言，第一通过增强经销商的销售能力，解决了产品积压问题，扩大产品的市场份额从而获得更大的商业利润；第二，锁定销售渠道，在激烈的市场竞争中取得产业链竞争优势；第三，无须向银行融资，降低了资金成本，同时也减少了应收账款的占用，保障了收款。

其次，对经销商（买方）而言，银行为其提供了融资便利，解决全额购货的资金困难。买方可以通过大批量的订货获得生产商给予的优惠价格，降低销售成本。而且对于销售季节性差异较大的产品，可以通过淡季批量订货、旺季销售获得更高的商业利润。

另外，对银行而言，通过保兑仓的业务，能获取丰富的服务费及可能的汇票贴现费用，同时也掌握了提货权。

（3）融通仓融资模式——存货动产质押。

融通仓融资是企业以存货作为质押，向金融机构办理融资业务的行为。

融资企业提出贷款申请时，引入第三方物流企业，负责对融资企业质押物验收及价值评估，并向银行出具证明文件。在此基础上，商业银行向融资企业提供信用贷款，将以前银行不接受的动产抵押变为可接受的动产质押品。其运作模式主要有两种，即信用担保融资模式和质押担保融资模式。

第一，信用担保融资模式。信用担保融资模式与其他融资模式相比，程序比较简单，适用于信用状况较好的中小企业，由于同时也为第三方物流企业的信用安全提供保障，所以通常被经营较具规模、业务内容较广、信用状况较好的第三方物流企业采用。信用担保融资运作模式是银行系统对第三方物流企业的相关状况如信誉状况、业务范围、经营成效等进行评价，根据评价结果给予第三方物流企业适宜的信贷额度标准，而第三方物流企业则会根据中小企业的经营规模程度、市场占有份额、存货等融通物进行评价分析，依此分配给入会的中小企业一定的信用额度，并为接受融资的中小企业的融通仓内存货价值进行信用担保。

第二，质押担保融资模式。作为融资主体的中小企业与第三方物流企业共同和商业银行签订了合作协议以后，在有合作关系的商业银行开设银行账户。同时，中小企业也成为第三方物流融通仓的会员，在相关物资存入融通仓时，企业立即向银行机构发出贷款申请，第三方物流企业在接到中小企业的存货以后负责进行验收、评估以及监管等相关工作，同时为中小企业向银行提供证明，银行依据贷款申请以及第三方物流出具的证明确定给中小企业发放贷款数额，中小企业仍然可以销售融通仓内的存货物资，但是要有第三方物流企业的担保，银行直接从中小企业开设的账户中扣除部分账款作为偿还贷款的费用。中小企业不愿履行或者不能履行清偿贷款的责任时，银行有优先受偿权，减少了银行的风险，属于较为保守的资金运作模式，受到中小企业的普遍欢迎。

在实际运用中，整个供应链的流程运作过程情景各异，任何一种模式都没有绝对适用的地方，因而企业可以自我判断，灵活应用。

融通仓与金融机构不断巩固和加强合作关系，依托融通仓设立中小企业信用担保体系，以便于金融机构、融通仓和企业更加灵活地开展质押贷款业务。充分发挥融通仓对中小企业的信用整合和再造功能，帮助中小企业更好地解决融资难问题。此外，银行拓宽服务对象范围、扩大信贷规模，也给第三方物流企业带来了新的利润增长点，带来了更多、更稳定的客户。成功的融通仓运作能取得银行、企业、第三方物流公司三方共赢的良好局面。

优势具体表现在以下几个方面：有效地解决了中小企业融资难问题，为商业银行与中小企业合作创造了服务平台；融通仓融资模式的出现改变了传统融资模式给中小企业带来的束缚，解决了中小企业在资金方面的尴尬局面；在融通仓融资模式中，第三方物流企业则起到关键作用，是金融机构和中小企业进行合作的桥梁，为商业银行对中小企业开展信贷业务提供了良好的合作平台，并且使商业银行为中小企业提供关键的运作和发展资金开辟了快速便捷的绿色通道，真正做到了各尽其能、各取所需；此外，对第三方物流企业的服务范围进行了扩充。从第三物流企业的工作范围来看，融通仓融资模式的兴起是第三方物流工作范围的延伸与拓宽，它为客户（主要是中小企业）提供以合作协议为约束、以加入第三方物流企业会员为基础的代理性质的服务。第三方物流企业与发货人和收货人是相互独立的，它对商品不具有所有权和控制权，不能参与企业的经营活动，只为融通仓融资的双方即商业银行和中小企业搭建平台，提供相关的评估报告等，同时附有相应的担保责任。

3. 案例：魏桥创业集团供应链融资

（1）基本情况。

2008年某银行在营销供应链融资产品时选择了魏桥创业集团作为核心企业，中小企业主要是为其供应煤炭和皮棉的客户。经与魏桥集团财务主管充分沟通，分析了该业务对魏桥集团及其上游客户的好处：可以缓解魏桥集团的资金占用和付款压力，增加上游客户的授信量，而且风险可控。最后，魏桥集团同意办理供应链融资，并为银行筛选了大量客户，确定了三家客户作为授信客户。由于授信业务全部是有追索权的应收账款买断业务，而且，由魏桥创业集团提供连带责任保证，银行在办理评级授信及信贷额度审批方面相当顺利。

邹平码头跨越煤业有限公司是授信客户其中之一，该公司位于邹平县码头镇，注册资本1000万元，主要从事煤炭的批发、零售。多年来一直向银行提出信贷申请，但由于无法提供符合银行条件的担保措施而无法办理信贷业务，加之前几年煤炭紧俏，处于卖方市场，下游客户欠款较少。金融危机后，煤炭变成了买方市场，结果形成大量应收账款。邹平码头跨越煤业有限公司的煤炭主要供给山东魏桥铝电有限公司，应收账款一度达到2000多万元。以此为契机，银行为邹平码头跨越煤业有限公司办理中小企业一般额度授信1000万元，授信品种全部为应收账款买断业务，应收账款管理费按1%执行。2009年1月4日，银行受让邹平码头跨越煤业有限公司应收账款1511万元，为其发放预付款1000万元期限半年，除贷款利息外收取应收账款管理费，管理费15.1万元列入中间业务收入，银行综合收益率较高。这本来是一个成功的案例，但魏桥集团供应链融资业务并未像预期那样得到快速发展，目前该项目已停办，客户没有再提出新的信贷需求。

（2）失败案例分析。

第一，银行费率过高，增加了企业负担：在业务办理过程中，客户对银行的费率提出了异议，建议对此类风险可控，银行鼓励发展的信贷业务，综合收益应控制在相对合理的水平。

第二，核心企业建立现代的供应链管理理念：在业务办理过程中由于银行要求魏桥集团提供担保，因此魏桥集团在提供担保后对中小企业提出了如降低产品价格、增加赊销比例等要求，中小企业无法满足类似要求，从而导致业务停办。

第三，银行供应链融资担保要求过高：在融资过程中银行要求核心企业提供担保，占用核心企业授信额度，在核心企业授信额度紧张的情况下，该业务无法继续办理。

第四，核心企业的上下游客户外地企业较多，增加了银行信贷管理的难度，同时存在主办银行（核心企业所在地银行）与协办银行（上下游客户所在地银行）利益分配问题，导致供应链融资发展受限。

（3）解决问题的办法。

第一，银行可以综合测算业务收益率，在风险可控的情况下适当下浮费率，降低企业融资成本，达到风险与收益的平衡。

第二，加强主办银行（核心企业所在地银行）与协办银行（上下游客户所在地银行）联动，在做好利益分配的基础上形成合力，促进供应链融资业务发展。

第三，加强供应链金融文化建设，形成共同的价值观。良好的供应链金融文化能够在供应链系统内形成一股强大的凝聚力，增强成员之间的团结协作，减少不必要的矛盾冲突，从而减少内耗，进而形成一种相互信任、相互尊重、共同创造、共同发展和共享成果的双赢关系，可以使供应链的成员与整体有相同的利益要求和共同的价值标准，从而维持供应链的稳定与发展，如果核心企业不能树立正确的供应链管理理念，供应链金融是注定要失败的。

第三章
新三板融资方式

企业登陆新三板有利于展示企业形象，带来广告效应。上市公司的身份也有利于企业开展业务，但更为重要的是新三板为企业提供了融资平台，企业获得了更多成本更低、更便捷的融资途径。本章将详细介绍新三板融资方式，结合案例与思考，在提高可读性的基础上为读者做了详尽的、深入的整理。

第一节
定向增发

定向增发（简称定增）是新三板挂牌企业融资的重要途径，伴随新三板挂牌企业数量不断增长的是开展定向增发的企业数量也连年递增，定向增发规模也迅速扩大，PE/VC（Private Equity Fund，私募股权基金；Venture Capital，风险投资）机构参与企业定增的热情也异常高涨。从市盈率的角度来看，大部分新三板挂牌企业的市盈率在10～30之间，平均市盈率在20左右。而主板市场平均市盈率远高于这个标准。相比之下，PE/VC机构投资新三板企业的成本较低，未来退出时获得的回报较为可观。从行业来看，PE/VC机构参与定向增发的新三板企业主要分布在IT、机械制造、电子及光电设备、清洁技术、生物技术/医疗健康、互联网等六大行业。定向增发成为新三板挂牌企业的主要融资渠道。

一、新三板挂牌企业的定向增发概况

新三板定向增发是指挂牌公司向特定对象发行股票融资的行为，定向增发是新三板市场重要的融资工具，通过定向增发新三板挂牌企业获得了资金支持，大大缓解了其融资难的困境。

2010年12月之前，新三板挂牌的65家企业中，仅有11家企业成功实现了定向增发，其中"北京时代"定向增发两次。这一方面是由于当时新三板市场未认识到定向增发这一融资方式的便利，另一方面也是由于并非所有企业都具有强烈且急迫的融资需求，故而在新三板定向增发初期，寻求并实现定向增发的企业数量并不多。2011年以来，新三板挂牌公司融资情况开始改善，2011年融资首次达到10起。2013年新三板挂牌公司定向增发融资达24起。2014年以来，更多挂牌公司采取定向增发的方式来募集资金。随着新三板挂牌企业数量不断增加，新三板定向增发也呈现井喷，已成为挂牌公司重要的融资手段。

2014年以来，不仅主板市场定向增发愈演愈烈，新三板市场定向增发也丝毫不落下风。仅2014年上半年定向增发额度就超过48亿元，是2013年全年融资额10.02亿元的近5倍。据相关统计，开展定向增发的新三板企业覆盖门类广泛，其中金融类企业和信息软件类企业参与度较高。融资金额较大的是九鼎投资，融资额约35.37亿元。增发实际募集资金过亿的还有现代农装、均信担保、众合医药，融资额分别是3.24亿元、1.78亿元、1.2亿元。

从增发企业的市盈率来看，信诺达（430239）于2014年2月定向增发117万股，发行价格为11元/股，市盈率达65倍。信诺达主营业务为集成电路测试系统的研发、生产与销售，集成电路测试服务、程序开发、电路板测试维修等，此次发行对象为浙江玉泉正合创业投资合伙企业（有限合伙）、新疆光明银桦股权投资合伙企业（有限合伙）。另外，钟舟电气（430415）增发价格为4元/股，增发价格的市盈率为50倍。

从新三板资金募集投向来看，由于新三板公司大多处于成立初期，对于营运资金的需求较为迫切，再加上新三板对于企业募集资金投向没有监管要求，新三板企业多将所募集的资金用于补充流动资金。除此之外，加大研发投入和进行行业并购也是常见的募集资金投向。

定向发行制度主要包括以下几个方面的内容。

1. 挂牌的同时可以进行定向发行

《全国中小企业股份转让系统业务规则（试行）》（以下简称《业务规则》）4.3.5"申请挂牌公司申请股票在全国股份转让系统挂牌的同时定向发行的，应在公开转让说明书中披露。"该条明确了企业在新三板挂牌的同时可以进行定向融资。

为了缩小新三板与主板、创业板在融资功能方面的差距，提升新三板的竞争力，新三板允许挂牌企业在挂牌同时进行定向发行，但并不是一个强制要求，拟挂牌企业可以根据自身对资金的需求来决定是否进行股权融资，以避免股份被过度稀释的情况出现。而且，在挂牌同时进行定向发行可以增加股份供给，有助于解决做市商库存股不足的问题。

2. 储架发行

储架发行是指一次核准，多次发行的再融资制度。该制度主要适用于定向增资需要经中国证监会核准的情形，可以减少行政审批次数，提高融资效率，赋予挂牌公司更大的自主发行融资权利。

《非上市公司监督管理办法》（以下简称《监管办法》）第44条规定："公司申请定向发行股票，可申请一次核准，分期发行。自中国证监会予以核准之日起，公司应当在3个月内首期发行，剩余数量应当在12个月内发行完毕。超过核准文件限定的有效期未发行的，须重新经中国证监会核准后方可发行。首期发行数量应当不少于总发行数量的50%，剩余各期发行的数量由公司自行确定，每期发行后5个工作日内将发行情况报中国证监会备案。"

储架发行制度的优势在于经过一次核准后公司可分批使用额度，这不仅能为公司节约大量时间和成本，还可以避免挂牌公司一次融资额度过大，股权过度稀释和资金使用效率低下的问题。如：挂牌公司在与投资者商定好500万元的增资额度时，可申请1000万元的发行额度，先完成500万元的发行，后续500万元的额度根据实际经营情况可与投资者再行商议发行或者不发行，并可重新商议增发价格。

3. 小额融资豁免

《监管办法》第45条规定："在全国中小企业股份转让系统公开转让股票的公众公司向特定对象发行股票后股东累计不超过200人的，中国证监会豁免核准，由全国中小企业股份转让系统自律管理，但发行对象应当符合本办法第39条的规定。"

小额融资豁免申请核准条件，挂牌公司先发行后备案，具体操作流程如下：参与认购的投资者缴款、验资后两个工作日内，挂牌公司向系统公司报送申请备案材料；系统公司进行形式审查，并出具《股份登记函》；挂牌公司

《股份登记函》（涉及非现金资产认购发行股票的情形，挂牌公司还应当提供资产转移手续完成的相关证明文件）在中国证券登记结算有限责任公司办理股份登记后，次一个转让日发布公告；挂牌公司将股份登记证明文件及此前提交的其他备案材料，一并交由中国证监会整理归档；新增股份进入股份转让系统进行公开转让。

目前，绝大多数新三板挂牌公司的股东人数离200人还有较大差距，也就是说，大部分新三板挂牌公司定向增发都不需要向中国证监会申请核准，只需在定向发行完后及时备案即可。即使公司股东人数超过200人，也要在满足"12个月内发行股票累计融资额超过挂牌公司净资产的20%"这一条件时，才需要向证监会申请核准。小额融资豁免为新三板挂牌公司带来了便捷，挂牌公司可以随时开展定向融资，满足即时的融资需求。

4. 定向增资无限售期要求

最新的《业务规则》规定，定向增发的股票无限售期要求，股东可随时转让。《业务规则》不再对新三板增资后的新增股份限售期进行规定，定向增发对象自愿做出关于股份限售方面的特别约定的除外。

无限售期要求的股东不包括公司的董事、监事、高级管理人员所持新增股份，其所持新增股份应按照《公司法》第142条的规定进行限售：公司董事、监事、高级管理人员应当向公司申报所持有的本公司股份及其变动情况，在任职期间每年转让的股份不得超过其所持有本公司股份总数的25%；所持本公司股份自公司股票上市交易之日起一年内不得转让。上述人员离职后半年内，不得转让其所持有的本公司股份。

5. 定向增发对象

《监管办法》第39条规定：本办法所称定向发行包括向特定对象发行股票导致股东累计超过200人以及股东人数超过200人的公众公司向特定对象发行股票的两种情形。前款所称特定对象的范围包括下列机构或者自然人：公司股东；公司的董事、监事、高级管理人员、核心员工；符合投资者适当性管理规定的自然人投资者、法人投资者及其他经济组织。核心员工的认定应当由公司董事会提名，并向全体员工公示和征求意见，由监事会发表意见后经股东大会审议批准。

《监管办法》对发行对象和人数做了规定：首先，公司在册股东认购定向发行的股份时，不占用35名认购投资者数量的名额，无形中扩大了认购对象的数量；其次，将董事、监事、高级管理人员、核心员工单独列示为一类特定对象，能够推动挂牌公司的董事、监事、高级管理、核心人员持股，一方面有利于团队的稳定，一方面也有助于降低道德风险；再次，将核心员工纳入定向增资的人员范围，从另一个侧面建立对核心员工的认定方法，使得原本可能不符合投资者适当性管理规定的核心员工也有了渠道和方法成为公司的股东，且增资价格协商确定，有利于企业灵活进行股权激励，形成完善的公司治理机制和稳定的核心业务团队。值得注意的是，在新三板的定向增资中，要求给予在册股东30%以上的优先认购权，但在册股东可放弃该优先认购权。

6. 出资真实性

当发行对象用非现金资产认购发行股票时，出资真实性问题就要多加关注。非现金资产应当经过具有证券、期货相关业务资格的会计师事务所、资产评估机构审计或评估。交易对手是否为关联方、标的资产审计情况或资产评估情况要慎重研究，董事会关于资产定价的合理性要开展充分讨论与分析。

非现金资产若为股权资产，应当提供会计师事务所出具的标的资产最近1年1期的审计报告，审计截止日距审议该交易事项的股东大会召开日不得超过6个月；非现金资产若为股权以外的其他非现金资产，应当提供资产评估事务所出具的评估报告，评估基准日距审议该交易事项的股东大会召开日不得超过1年。

资产交易价格以经过审计的账面价值为依据的，挂牌公司董事会应当结合相关资产的盈利能力说明定价的公允性。

资产交易根据资产评估结果定价，在评估机构出具资产评估报告后，挂牌公司董事会应当对评估机构的独立性、评估假设前提和评估结论的合理性、评估方法的适用性、主要参数的合理性、未来收益预测的谨慎性等问题发表意见。

新三板定向增发制度较为清晰完善，制度保障激发了专业投资机构参与新三板定向增发的热情。新三板挂牌企业质量不断提升和转板制度实施的预期为投资者提供了参与定向增发的动力。由于新三板换手率不高，不能通过转让溢价获得投资收益，退出的最佳时点是在企业转板IPO之后。此外，为挂牌企业提供产业链服务也是机构投资者潜在的盈利点之一。相比中小板、创业板企业，新三板企业多处于发展初期，日常经营管理中还存在诸多不足，投资机构除了为企业提供资金外，还可以提供相应咨询和建议促进新三板企业发展，这对于企业和投资机构来说是双赢之举。

新三板定向发行具有以下特点：

（1）向特定投资者增发。新三板定向增发属于非公开发行，向特定投资者（不超过35人）发行新股从而增加注册资本，是新三板定向增发区别于主板或创业板上市的关键所在。定向增发使得新三板的融资功能提升到了新的高度。然而，由于是定向增发，增发的对象需要企业或主办券商自行寻找，虽然企业可以与投资者协商谈判发行价格，但却处于相对被动的地位，使得增发的价格受到一定程度的限制，并且增加了增发的难度和风险。

（2）较多机构投资者参与。机构投资者的投资目的在于希望通过企业上市实现退出获得价差，显然，投资挂牌新三板的企业，不但能够节省挑选企业的复杂过程和风险，还能以较低的市盈率购得公司股权，无疑是风险和利润之间最优的结合点。PE/VC等各路创投基金也加大了对新三板公司的关注，近三年来有超过50%的募集资金来源于创投机构。机构投资者看好新三板企业，是对新三板企业成长性的肯定，也是对新三板市场前景的肯定。

（3）挂牌与定向增发可同时进行。在新三板申请挂牌的企业可以同时进行定向增发融资，投融资对接效率将得到提升，而且为了缩短流程、节约时间，制度掌握很灵活，挂牌企业可以在《公开转让说明书》中写明融资要求后再去寻找投资人，即使找不到投资人也不会影响挂牌。

（4）定向增发周期短。定向增发所花费的时间较短，提高了企业的融资效率。据相关统计，2014年以来发布预案并完成发行的挂牌公司，从发布预案到完成发行平均用时约为3个月，其中金润科技仅用时58天。与主板上市公司长达一年多的发行周期相比，新三板挂牌公司定向增发节奏明显加快，大大提升了融资的便利性和及时性，有助于提升公司的经营效率。

（5）定向增发成功率较高。进行增发的企业，大多以拟定的价格成功实现。新三板定向增发成功率高，首先取决于政府的政策支持和新三板市场本身的公信力，投资者对挂牌新三板的企业充满信心，投资意愿强烈；其次，取决于新三板市场的定价功能，即企业股份的价值有了相应的参考，投融资双方在价格问题的协商上有了起码的参考标准，因此不会出现漫天要价和漫天砍价的混乱情形，价格撮合更加容易，比较容易达成协议。另外，新三板定向增发采取"一事一审"的原则，即没有书面的规则，企业有需要就申报，协会就做相应的审核并批准；没有书面标准，协会在审核时不拘泥于形式，只要发行不存在公众利益风险便会批准，这也在一定程度上提高了增发的成功率。

新三板定向发行具有以下好处：第一，当前新三板交易还不够活跃，整体交易量水平还比较低，投资者参与新三板投资有限。定向发行为投资者提供了参与新三板的途径，投资者可以提前购入公司股份，待未来流动性改善后转让获得收益。第二，新三板定向发行不设锁定期，定增股票上市后可直接交易，避免了锁定风险。第三，新三板定向发行价格可协商谈判来确定，避免买入价格过高的风险。2006—2013年定向增发融资总体情况如表3-1所示：

表3-1　2006—2013年新三板挂牌公司定向融资情况

年份	累计挂牌的家数	当年融资起数	平均增发股份/万股	平均募集资金/万元	平均市盈率/倍
2006	10	1	1250	5000	12.68
2007	24	2	1645.8	3437	24.37
2008	41	5	1124	4912	14.69
2009	61	1	606	2454	10.38
2010	77	7	695.2	3876	18.66
2011	102	10	800.7	6481	21.84
2012	207	24	801.4	3560	20.74
2013	351	39	578	3177	19.17

注：2013年融资数据截止日期为7月31日。

2006—2010年，新三板市场还处于培育发展阶段，挂牌企业数量较小，也没有明确的定向增发细则，5年间仅有16起再融资，平均融资规模和融资市盈率均不稳定；从2011年来，新三板挂牌公司融资情况开始改善，2011年融资首次达到10起，平均募集资金接近6500万元，平均市盈率达到21倍；2012年新三板挂牌公司定向融资达24起，平均融资规模达到3560万元，平均市盈率为20倍。截止到2013年7月末的数据，2013年新三板挂牌公司定向增发融资达到39起，平均融资规模达到3177万元，平均市盈率19倍。

2014年以来开展定向增发的企业情况如表3-2所示。

表3-2　2014年以来按增发募集资金额排名前30家企业

证券代码	证券简称	增发上市日	增发募集资金/万元	增发实际募集资金/万元	增发数量/万股	增发价格/元	增发市盈率/摊薄
430719.OC	九鼎投资	2014-04-29	353677.39	353677.39	579.80	610.00	
430010.OC	现代农装	2014-01-24	32400.00	32400.00	4000.00	8.10	0.35
430558.OC	均信担保	2014-05-29	17800.00	17800.00	10000.00	1.78	18.00
430598.OC	众合医药	2014-05-09	12002.04	12002.04	2044.64	5.87	
430154.OC	中科通达	2014-04-25	5800.00	5800.00	2000.00	2.90	26.36
430708.OC	铂亚信息	2014-06-16	5542.02	5542.02	684.20	8.10	14.00
430071.OC	首都在线	2014-04-18	5400.00	5400.00	300.00	18.00	33.96
430283.OC	景弘环保	2014-01-27	3832.50	3832.50	730.00	5.25	
430111.OC	北京航峰	2014-03-10	3100.00	3100.00	234.85	13.20	16.92
430140.OC	新眼光	2014-06-13	3100.00	3100.00	444.10	6.98	26.93
430100.OC	九尊能源	2014-06-11	3100.00	3100.00	165.78	18.70	13.36
430222.OC	璟泓科技	2014-05-08	2930.00	2930.00	976.67	3.00	39.57
430341.OC	呈创科技	2014-05-08	2400.00	2400.00	352．94	6.80	
430175.OC	科新生物	2014-04-23	2400.00	2400.00	400.00	6.00	35.00
430366.OC	金天地	2014-04-29	2250.00	2250.00	500.00	4.50	13.03
430230.OC	银都传媒	2014-03-07	2172.00	2172.00	724.00	3.00	
430533.OC	同立高科	2014-06-09	1914.00	1914.00	330.00	5.80	
430303.OC	百文宝	2014-02-24	1600.00	1600.00	100．00	16.00	19.75
430214.OC	建中医疗	2014-02-19	1600.00	1600.00	400.00	4.00	
430090.OC	同辉佳视	2014-02-20	1567.77	1567.77	587.18	2.67	
430749.OC	金化高容	2014-05-06	1464.00	1464.00	1464.00	1.00	
430206.OC	尚远环保	2014-04-25	1326.00	1326.00	663.00	2.00	40.00
430239.OC	信诺达	2014-02-28	1300.00	1300.00	117.29	11.08	65.00
430434.OC	万泉河	2014-01-24	1269.00	1269.00	141.00	9.00	
430194.OC	锐风行	2014-02-27	1100.00	1100.00	314.29	3.50	44.00
430346.OC	哇棒传媒	2014-01-29	1000.00	1000.00	111.11	9.00	
430336.OC	皇冠幕墙	2014-03-28	1000.00	1000.00	200.00	5.00	
430478.OC	禾益化学	2014-01-24	807.69	807.69	100.00	8.08	
430698.OC	康普常青	2014-04-18	800.18	800.18	58.19	13.75	
430629.OC	国科海博	2014-04-11	800.00	800.00	500.00	1.60	6.15

截至2014年6月16日，新三板定增额逾48亿元，增发募集资金达到或超过1000万元的企业有27家，其中北京同创九鼎投资管理股份有限公司融资额超35亿元。4月23日挂牌的九鼎投资在挂牌前宣布，向138名机构及自然人定向发行

股票579.799万股，每股发行价610元，融资约35.37亿元。此外，增发实际募集资金过亿的还有现代农装、均信担保、众合医药，融资额分别是3.24亿元、1.78亿元、1.2亿元。除去九鼎投资，其余57家企业平均融资额2320万元，平均融资额并不算大。

新三板的发展目标是成为中国的纳斯达克，在新三板挂牌的企业一般都具备自身优势，要么拥有核心技术，要么拥有广阔市场，但都由于资金不足而制约了自身的发展。新三板建立的初衷就是为缓解我国中小企业融资难的现状，随着各项配套制度的不断完善，挂牌企业融资将更加便利。

新三板制度的日益完善和交易的不断活跃吸引了越来越多的投资者参与其中，当前占主导地位的还是机构投资者，这一方面是因为新三板相对主板市场风险较大，另一方面是因为新三板对个人投资者设置了500万元的门槛，较高的门槛将个人投资者挡在新三板市场之外。

二、PE/VC 参与定向增发市场情况分析

PE/VC机构是新三板定向增发的主要参与者，据相关数据统计，2014年上半年参与定向增发的65家企业中有35家企业的定向增发都有PE/VC机构参与。除企业原股东中的机构投资者，共计80家PE/VC机构认购了这35家企业的定向增发股份。其中，有31家股权投资机构参与到九鼎投资的定向增发中。

从投资额的角度来看，投资额度排名前三的机构为常州信辉创业投资有限公司、北京基石创业投资基金、深圳市创鑫道投资合伙企业（有限合伙）。从投资活跃度来看，区别于一家 PE/VC机构参与一家企业定向增发的普遍情况，武汉东湖百兴创业投资中心（有限合伙）较为活跃，参与了三家企业的定向增发，如表3-3所示。

表3-3　武汉东湖百兴创业投资中心参与的定向增发项目概览

机构名称	投资额度/万元	投资企业
武汉东湖百兴创业投资中心	505	白文宝
	800	康普长青
	867	尚远环保

从投资机构数量的角度来看，除九鼎投资有31家机构参与其定向增发，获得3个以上PE/VC机构青睐的企业分别是现代农装、北京航峰、新眼光、华

岭股份、白文宝、国科海博、尚远环保、铂亚信息。从PE/VC机构青睐的企业所处行业来看，大部分企业都集中于新一代信息技术、移动互联网、现代制造、节能环保与生命健康领域。该趋势与定向增发企业的行业分布趋势以及PE/VC整体行业投资趋势相近，表明这些行业对资本有强大的吸引力。

投资者参与企业定向增发通常包括LP（Limited Partnership 有限合伙）份额换股权、原股东或关联公司投资和普通投资这三种方式。

LP份额换股权。在65家定向增发企业中，九鼎投资以35亿元融资额高居榜首。在定向增发模式上，其"LP份额换股权"的方式也十分具有创新性。内蒙古天宇创新投资集团有限公司以LP份额置换了价值1.84亿元的股份，中房置业股份有限公司、山东金象泰置业有限公司、无锡中住集团有限公司等LP置换了6000万元～9000万元不等的股份。

原股东或关联公司投资。在定向增发中，企业原股东基于对企业未来价值的看好而参与新一轮认购，如山本光电（430378）中，深圳市创鑫道投资合伙企业原持有426万股，参与新一轮认购购买950万股，成为公司的第二大股东。或者与原股东存在关联关系的PE/VC机构会投资进入，如在现代农装（430010）中，参与定向增发的佛山南海区东方高新创业投资合伙企业、佛山市东方禅控创业投资企业与现代农装原股东上海奥锐万嘉创业投资有限公司为同一实际控制人控制的公司，惠州市恺惠科技创业股权投资合伙企业与现代农装原股东北京惠农投资基金之间是同一实际控制人控制的公司。

普通投资。多数PE/VC机构以新增投资者的身份在原股东放弃优先购买权的情况下认购企业定向增发股份。该类机构大多为有限合伙的组织方式，投资额度较低，且投资对象多具有地域性。

三、定向增发经典案例：九鼎投资（430719）

九鼎投资管理有限公司，简称九鼎投资（430719），是在国家发展与改革委员会和中国证券投资基金业协会备案登记的专注于股权投资及管理的专业机构。在中国股权投资第三方研究机构清科集团的中国私募股权投资机构综合排名中，九鼎投资在2011年、2012年连续两年"中国私募股权投资机构50强"位居首位，获评"中国最佳私募股权投资机构"。九鼎投资在消费、服务、医药医疗、农业、装备、材料、矿业、节能环保等领域均有专业的投资团队进行长期研究、跟踪，并有大量的成长期和成熟期企业的投资案例。

1. 第一次定向增发

2014年4月23日，九鼎投资正式登陆新三板，成为在新三板挂牌的第一家PE机构。在挂牌同时，九鼎投资启动定向增资，完成了35亿元的股权置换LP份额交易，但相对于九鼎投资当时264亿元的基金总规模，这一定向增发只能阶段性解决LP退出难题。公司披露的信息如下：

（1）发行程序2014年2月9日，公司第一届董事会第三次会议审议通过《关于北京同创九鼎投资管理股份有限公司定向增发股份的议案》。2014年2月24日，公司召开了2014年第2次临时股东大会，审议通过了本次股票发行方案，股东大会同意：公司增加注册资本不超过579.799万元，本次发行股票价格为610元/股，新增股东以其持有的公司所管理的基金份额作为出资，授权董事会全权办理本次定向发行相关事宜。

（2）本次发行股票数量：本次发行股数为5 797 990股。

（3）发行价格：本次发行价格为610元/股，发行价格较高是因为公司股本较小。本次发行完成后，公司将用资本公积转增股本，则本次发行价格610元/股对应转增股本后的每股价格将低于10元。

（4）现有股东优先认购的情况：本次新发行股票没有表决及收益分配等优先权及其他特殊安排，对现有股东也未设定优先权等特殊安排。

（5）发行前后变化情况：本次发行前股东人数为11名，本次股票发行的对象共131个，发行后的股东人数为142名。本次发行后，按母公司报表口径，净资产增加约35.37亿元，其中实收资本增加约0.06亿元，资本公积增加约35.31亿元。同时，长期股权投资增加约35.37亿元。

本次发行前公司的主要业务为私募股权投资管理业务，发行后公司的主要业务除原主要业务外，大幅增加了投资业务，即公司成为子公司昆吾九鼎及其下属子公司管理的基金的有限合伙人，通过合伙企业对外进行投资。

本次发行前，公司的控股股东为九鼎控股，实际控制人为吴刚、黄晓捷、吴强、蔡蕾、覃正宇；本次发行后，公司的控股股东为九鼎控股，实际控制人为吴刚、黄晓捷、吴强、蔡蕾、覃正宇。本次发行前后公司控制权没有发生变动。

2. 第二次定向增发

短短两个月之后，九鼎投资启动第二次定向增发，这一次定向增发的价格也从610元/股升至750元/股，募集的资金22.5亿元，主要用于向公司管理的基金增加出资、实施其他对外投资及补充流动资金等。公司披露信息如下：

（1）发行程序2014年6月22日，九鼎投资召开第一届董事会第五次会议，审议通过《北京同创九鼎投资管理股份有限公司股票发行方案的议案》，并决议将前述议案提交公司股东大会审议。2014年7月8日，九鼎投资召开2014年第三次临时股东大会，会议审议通过《北京同创九鼎投资管理股份有限公司股票发行方案的议案》，批准九鼎投资本次发行股票，股东大会同意：公司增加注册资本573 833 519元，募集资金22.5亿元，发行股票价格为约3.92元/股，同意新增股东以现金出资，并授权董事会全权办理本次定向发行相关事宜。

（2）本次发行股票数量：本次发行股数为573 833 519股。

（3）发行价格：本次发行价格3.92元/股。

（4）现有股东优先认购的情况：根据《公司法》《公司章程》等规定，公司现有股东对本次发行股票不享有优先认购权，本次发行股票不存在由公司其他现有股东优先认购的安排。

（5）发行前后变化情况：本次发行前，股东人数为163名，本次发行新增股东10名，发行后的股东人数为173名；本次发行后，公司净资产增加22.5亿元，其中实收资本增加573833519元，资本公积增加1676166481元；同时，公司本次发行增加现金22.5亿元。

本次发行前公司的主要业务为私募股权投资管理业务，发行后公司的主要业务没有发生变化，仍为私募股权投资管理业务。

本次发行前，公司的控股股东为九鼎控股，实际控制人为吴刚、黄晓捷、吴强、蔡蕾、覃正宇；本次发行后，公司的控股股东仍为九鼎控股，实际控制人为吴刚、黄晓捷、吴强、蔡蕾、覃正宇。本次发行前后公司控制权没有发生变动。

四、定向增发经典案例：联讯证券（830899）

联讯证券股份有限公司，简称联讯证券（830899），成立于1988年6月，目前已在北京、上海、广东、浙江等地建立了分支机构，经营范围包括证券经纪，证券投资咨询与证券交易，证券投资相关的财务顾问，证券资产管理，证券自营、代销金融产品和证券承销等业务。

联讯证券于2014年8月在新三板挂牌，成为继湘财证券后第二家挂牌的新三板券商，引起了市场的广泛关注。联讯证券挂牌后启动了两次定向增发，以不到400万元的融资成本预计募资40亿元，注册资本将从5亿元增至约32亿元，行业排名提前至第30位，净资产从最初的6亿元增长到约47亿元。除了该公司原有的5家股东公司外，还有27位新股东参与了认购。短短半年时间，联讯在新三板的资本市场平台不断推出创新之举，完成华丽转型和蜕变，创造了多项新三板记录：第一家在新三板实现融资的证券公司，第一家实施股票做市转让的证券公司，第一家推出全员持股计划的证券公司，新三板做市商数量最多的挂牌公司，新三板现金融资规模最大的挂牌公司。

通过挂牌新三板，联讯证券获得了飞速发展，不仅资本实力大幅提升，公司业绩也快速发展。按照未经审计数据，2014年联讯证券实现营业收入5.6亿元，净利润8100万元，约增长9倍。经纪业务持续增长的同时，资产管理、固定收益、融资融券等业务的发展也突飞猛进。公司披露信息如下。

1. 本次发行股票的数量

联讯证券股份有限公司本次以非公开发行的方式发行人民币普通股714 280 000股，募集资金999 992 000元。

2. 发行价格及定价依据

本次发行价格为1.40元/股。

本次股票发行价格综合考虑了公司所属行业、公司成长性、每股净资产、市盈率等多种因素，并询价后最终确定。

3. 现有股东优先认购情况

本次股票发行前，公司董事会与在册股东均做了一对一的交流沟通，公司现有5名在册股东参与了优先认购，包括海口美兰国际机场有限责任公司、北京银都新天地科技有限公司、昆山中联综合开发有限公司、大新华航空有限公司、惠州市拍卖行有限公司。除上述5名在册股东外，其余在册股东均自愿放弃本次股票发行股份的优先认购权，出具了放弃优先认购的承诺书，并承诺在本次股票发行通过董事会决议日至股份认购完成期间不进行股份转让。

4. 发行前后变动情况

本次发行前，在册股东人数为8名；发行后，股东人数为35名，股东人数增加27名。

本次发行后，公司增加货币资金998 184 200元，货币资金占公司总资产的比例大幅提高，进一步增强了公司资产的流动性。

本次发行募集的资金主要用于补充流动资金及创新业务的开展。本次发行后，公司的主营业务未发生任何变化。通过本次发行将增加公司的注册资本，增强公司的竞争力，公司业务结构未发生变化。

本次发行前，公司单个股东持有的公司股份均未超过公司总股本的50%，均无法决定董事会多数席位，公司的经营方针及重大事项的决策系由全体股东充分讨论后确定，无任何一方能够决定和做出实质影响，公司无实际控制人。本次发行后，公司单个股东持有的公司股份均仍未超过公司总股本的50%，公司仍无实际控制人，公司的控制权未发生变更。

在挂牌新三板之前，联讯证券表现平平，登陆资本市场获得了资金支持后联讯证券迎来了发展的春天，相信新三板市场能够为更多企业拓展发展空间。

五、定向增发经典案例：行悦信息（430357）

上海行悦信息科技股份有限公司，简称行悦信息（430357），主营业务为酒店客房数字多媒体系统平台产品的研发、销售，提供经济型连锁酒店客房数字多媒体系统和数字多媒体信息解决方案等。在该公司的合作伙伴中，不乏如家、莫泰、7天等知名经济型连锁酒店集团，已构建起国内最大的经济型连锁酒店电视互动平台，为商旅人士提供酒店周边餐饮、娱乐、旅游、购物相关的信息服务。目前，行悦信息设备已经覆盖6万间酒店客房，年覆盖人次2000多万。

　　行悦信息于2014年上半年启动了挂牌后的第一次定向增发，成功引入了著名PE上海文化产业基金。第二次定向增发公告于2014年11月20日发布，公告称，公司拟发行不超过1500万股普通股，发行价格不低于3.2元/股，不高于4.8元/股。这次发行将采取公开询价的方式，认购者可根据认购意向书的内容向公司申报认购的价格和数量，由公司董事会按照价格优先的原则，综合考虑认购数量、认购对象的类型以及与公司未来发展的契合度，确定发行对象、发行价格和发行股数。2014年11月27日，新三板挂牌公司行悦信息发布定向增发询价结果及定价公告，公司最终确定以3.9元/股价格，定向增发1500万股，共募集资金5850万元，用于拓展迅猛增长的业务。

　　主板挂牌企业多采用询价方式确定定增价格，联讯证券此次定增是新三板挂牌企业首次使用这种方式。这意味着新三板市场发展日趋完善，询价方式得出的价格更加市场化，也更容易得到投资者的认可，能够充分调动市场参与各方的积极性。公司披露信息如下。

1. 本次股票发行概况

　　本次股票发行数量为1500万股，募集金额为5850万元，发行对象包括东方证券股份有限公司、海通证券股份有限公司、北京美好愿景餐饮管理有限公司、上海朴易投资管理有限公司、兴业证券股份有限公司、华安证券股份有限公司等6家公司和8位个人。

2.发行前后变动情况

　　由于公司本次股票发行采用现金方式，因此本次股票发行后，公司的货币资金和资产总额均增加人民币5 850万元。

　　公司业务结构在发行前后未发生变化，主营业务仍为酒店客房数字多媒体系统平台产品的研发、销售和经济型连锁酒店数字多媒体信息的运营。

　　本次股票发行后公司控制权无变动。本次股票发行前，徐恩麒持有公司股份2 001.40万股，为公司第一大股东，占公司股本总额比例为23.06%；其父亲徐财宝持有公司333.00万股，占公司股本总额比例为3.84%。同时，徐恩麒任公司董事长、总经理，能够对公司股东大会、董事会的重大决策和公司经营活动产生重大影响。因此，公司实际控制人为徐恩麒。

本次股票发行后，徐恩麒持有公司股份2 201.40万股，占公司股本总额的比例为21.62%，其父亲徐财宝持有公司333.00万股，占公司股本总额比例为3.27%。此外，本次股票发行后，公司第二大股东上海文化产业股权投资基金合伙企业（持有公司股份7.24%）及其关联方海通证券（持有公司股份1.97%）合计持股比例为9.21%、第三大股东张炜持股比例为6.59%，与徐恩麒持股比例均存在较大的差距，且上述两名股东及其关联方持股数量之和也低于实际控制人。同时，上海文化产业股权投资基金合伙企业及股东张炜分别签署承诺函，承诺：作为本公司股东期间，除徐恩麒外不会与其他股东签署任何一致行动协议，亦不谋求控制或与其他股东联合控制本公司。因此，公司的实际控制人仍为徐恩麒。

本次定向发行中，公司董事长徐恩麒认购股份200万股，其余董事、监事、高级管理人员及核心员工持有公司股份数均未发生变化。

2014年8月25日新三板做市商制度正式推出，行悦信息作为首批做市股之一表现抢眼，无论是成交量还是成交价格都明显上升，引起市场广泛关注，未来发展前景不可限量。

第二节
做市商制度

2014年8月25日做市商制度正式实施，改变了新三板市场单一依靠协议转让的局面，在很大程度上活跃了新三板市场的交易氛围，为提升新三板市场流动性水平做出了重要贡献。越来越多的新三板挂牌企业选择做市转让的方式作为其股票转让方式，多家券商竞相为优质企业做市也越来越多见。

一、实行做市商制度是新三板发展的内在需求

新三板市场的建立和发展是我国建设多层次资本市场的重要一步，做市商制度实施之前新三板交易并不活跃，协议转让方式也容易造成股价忽高忽

低，做市商制度的实施有助于新三板发挥其场外市场的重要作用。

1. 组织方式

根据中国证券业协会2009年发布的《证券公司代办股份转让系统中关村科技园区非上市股份有限公司股份报价转让试点办法（暂行）》（简称《办法》），新三板挂牌公司股票交易采用经纪制的协商匹配方式、在投资者报价之后通过主办券商撮合实现。

投资者和主办券商在新三板市场中是委托代理的关系。投资者投资新三板股票，首先，应按规定开立非上市股份有限公司股份转让账户和股份报价转让结算账户；其次，与券商签订股份转让委托协议书，之后就可以向主办券商进行交易委托。

股份报价转让委托通常可分为报价委托和成交确认委托。报价委托是买卖的意向性委托，投资者可通过报价系统或其他途径寻找买卖的对手方，达成转让协议；成交确认委托是指买卖双方达成转让协议后，向报价系统提交的买卖确定性委托。

2. 组织方式存在的问题

新三板市场为挂牌企业提供了融资平台，一定程度上解决了其融资困境，但仍存在诸多问题。一方面，由于新三板市场中的股票价格无法体现其内在价值，对投资者的吸引力不大；另一方面，新三板市场流动性不强，交易还不够活跃，给企业融资和投资者交易制造了障碍。从理论上讲，资本市场的设计特征应与其发挥的融资功能相匹配，能够活跃市场气氛，调动投资者的积极性。但到目前为止，新三板所采用的经纪制及协商匹配的交易机制并没有展现出市场预期的效用。

第一，在协商匹配制度下，股票交易价格由投资者协商确定。而投资者的专业知识水平限制以及挂牌公司未来发展前景不清晰，会导致交易价格的不合理，增加投资风险。新三板挂牌企业多为发展初期的中小企业，企业自身往往经营不够稳定，盈利能力不强，未来发展具有很多不确定性。企业自身的特点造成其股票价格在很大程度上不确定，未来的风险较大。而协商匹配的交易方式加剧了股价的不确定性。

第二，二级市场流动性较差，无法对资本进行最优化配置，满足投融资需求。在现有的制度框架下，估值的不合理性使得股票对投资者的吸引力变弱，进入市场的资金量有限且投资交易集中在某些热门股票上，导致市场上其他股票的流动性很差，交易市场的不活跃使得投资者更易持有保守的观望态度，如此恶性循环不利于新三板市场的健全发展，亟待相关利好配套制度的出台来改善当前局面。

第三，信息披露不透明、不对称，增加了投资风险。与主板、中小板和创业板市场相比，新三板市场准入门槛较低，对主办券商资格认证和挂牌公司入市条件管理宽松，而且对上市公司信息披露也没有严格要求。在现有协商交易制度下，主办券商主导股票交易，其他投资者或潜在投资者无法及时有效地获取交易信息。此外，针对新三板的监管体系也不够健全，监管力度弱，增加了主办券商和挂牌公司违规操作的风险和道德风险，投资者的利益没有得到应有的保障。这些因素都导致新三板的发展受到了严重制约。

针对上述问题，做市商制度的推出无疑给新三板改革指明了前进方向。在一定程度上改善了二级交易市场流动性差等问题。但新三板市场的其他配套制度仍需要进一步完善，通过借鉴国际成熟资本市场的经验并立足我国特有国情，设计出一套适合中国资本市场长期稳定发展的独有方案。

3. 做市商制度的内涵及特点

做市商制度起源于20世纪60年代美国证券柜台交易市场，是场外交易市场的主要组织方式，由具备一定实力和信誉的证券机构作为特许交易商，不断向投资者报出某些特定证券的买卖价格，并在该价位上以自由资金、证券与投资者无条件进行交易，通过报价的差额获利。

相比于协商匹配交易，做市商制度的最大特点就是价格通过做市商不断进行双边报价完成撮合，而非通过投资者协商或竞价方式产生。

4. 做市商制度对资本市场的意义

对比做市商制度出台前后新三板市场状况，不难发现该制度的确为市场注入了新的活力。截至2010年8月底，共有70家中关村科技园区企业在代办股份系统中成功挂牌。根据公布2010年上半年报的69家挂牌公司数据，上半年平均净利润同比上涨75%，上市公司整体收入和盈利水平大幅上升。新三板市场成交量和金额呈现增长趋势，但总体看规模仍有限。而在做市商制度出台后，新三板二级市场的流动性显著增强。作为我国多层次资本市场的一个组成部分，新三板需要充分发挥其融资平台作用，真正解决我国中小企业融资困难的现实问题。

做市商制度的细则落地对现有资本市场的有效运作起了重要作用。它改善了新三板市场以协议转让方式为主的交易局面。在一定程度上缓解了二级市场存在的交易不透明、信息不对称、主办券商的道德危机和信用危机等问题，提高了市场的流动性，改善了当前的融资环境。对我国加快构建多层次资本市场的目标，具有一定推进作用。只有在市场制度的框架下，才能够形成高效友好的交易环境和合理公开的交易价格，资本市场才能真正为实体经济服务。从这个角度来说，做市商制度的推出的确给投资者和被投资者极大的信心，其对资本市场的意义主要体现在以下几个方面：

第一，提高交易市场流动性，增加市场活跃度。根据报价规则，做市商需要进行双边报价，持续向投资者提供股票买卖价格并接受其要求，来提高市场的积极性，保证交易的连续进行。此外，当市场某些股票价格出现大幅度波动或者买卖指令不均衡时，做市商可以通过其自有资金或证券对市场供求关系进行调节，使价格趋于正常水平，起到稳定市场的作用。同时，多家做市商的竞相报价和进行股票推介等行为，能够吸引更多投资者，进而入市。在这种市场环境下，投资者的投资行为也是趋于理性的，符合市场预期。

第二，充分挖掘资本市场价格发现功能。在引入做市商制度之前，新三板交易由主办券商主导，市场不够公开、透明，交易量和交易金额有限，市场活跃性差。二级市场的交易冷淡和一级市场的火爆挂牌形成鲜明对比。但在做市商制度推出后，情况有所好转。因为它采取双向报价规则，并且存在多个做市商竞争性报价现象。这使得交易价格更接近真实价格，降低操控价格风险。报价系统根据成交约定号、股份代码、买卖价格、股份数量四者完全一致，买卖方向相反，对手方所在报价券商的席位号互相对应的成交确认委托进行配对成交，使得价格具有很强的可信度。此种制度设计能够充分发挥资本市场的价格发现功能，为其他市场活动打下坚实基础。

第三，强化了新三板市场作为中小微企业融资平台的功能。由于做市商制度加强了交易市场的流动性，有效改善了市场环境，在一定程度上打消了一些企业对新三板挂牌后融资难的疑虑，提高了持观望态度的中小微企业来新三板挂牌的可能性。这无疑对资本市场的进一步完善和发展起到了推动作用。

第四，加强市场中介机构的资质认证监管，规范市场运作。良好的市场环境需要有力的市场监督作为支撑。做市商的资格认证要比主办券商更为严格，除了需要具备良好的信誉和雄厚的资金实力外，还要求有专业优质的相关团队。这使得各项市场行为更加专业化和规范化。

第五，做市商的尽职推介和适当的信息披露可以减少道德风险。相比主板市场，新三板并没有严格的信息披露要求。信息的不透明和不对称使得主办券商和挂牌公司容易操控市场。做市商制度出台后，做市商作为市场中重要的角色，有义务对其客户进行尽职推介，否则会遭受信誉质疑。此外，挂牌公司会倾向于主动对外披露信息以提高自身吸引力。因此，引进做市商制度后，市场更加透明化。

5. 做市商制度对于挂牌企业的意义

做市商制度的实施对上市企业来讲主要有两方面意义。一方面，能够对上市公司股票进行合理估值。企业在新三板挂牌最主要的目的就是融资，而股票的市场价格是决定融资效果的重要因素。做市商为了进行更好营销，提高价差收益，会尽量运用其专业知识和从业经验对其股票进行准确可靠、接近真实的估值。挂牌企业在公开市场拥有价值，在未来进行其他金融活动时，该价值会作为一个重要考量。另一方面，做市商制度降低了股票价格的剧烈波动性。由于报价连续、价差幅度限制等因素，做市商会有强烈动力来维护市场稳定。

6. 做市商制度对于券商的意义

做市商制度的确定扩宽了券商的业务范畴，增添了券商新的盈利增长点。在做市制度下，券商可以利用自有资金和股票参与新三板市场运作，并且会以销售为目的的推介企业。这些都对资本市场的进一步成熟和完善起到了一定作用。

做市商制度为券商带来新的利润增长点：第一，占比最大的部分是推荐企业到股转系统挂牌带来的投行收入；第二，后续对企业的做市业务能够带来持续的收入，这主要是通过收取交易佣金和报价价差来实现；第三，券商还可以进行直投业务，通过自有资金交易获得利润。

例如，新三板扩容后首批参与挂牌的金天地（430366），其主营业务是电视剧的投资和发行，公司业绩良好并且最近三年净利润均超过2000万元，完全具备了登陆创业板的业绩要求。在金天地协议转做市交易的当天（2014年12月26日），股票疯涨501.94%，以6.2元的价格收盘。而在11月定向增发时，6家做市券商的认购价仅为4.5元，如按12月26日收盘价计算，做市商的收益率达到38%。

参考做市商制度在西方成熟资本主义市场的运作模式，中信证券分析师表示，预计三年后，券商的挂牌费用收入、未来转板或者IPO业务收入以及做市商业务收入将分别达到18亿元、29.8亿元及61.2亿元，合计占证券行业营业收入的比重约为7%。

7. 做市商制度对投资者的意义

首先，在该制度框架下，做市商为了更高的利润，会利用其专业知识和行业经验对股票进行准确估值，这降低了由于信息不对称给投资者带来的投资风险。其次，券商出于销售目的，会通过持续督导和相关服务来提升企业价值。这减少了中介机构和挂牌公司的道德风险，也使普通投资者能更好地参与到市场交易中来。最后，做市商之间的报价竞争，例如，缩小报价价差等，无形中降低了投资者的投资成本。

8. 做市商制度在成熟资本市场的成功实践——以纳斯达克（NASDAQ）市场为例

做市商制度在国际成熟资本市场上已经被广泛运用，例如，美国NASDAQ市场、日本JASDAQ市场、英国伦敦证券交易所及泛欧交易所等。而在全球主要的场外市场中，也普遍实行做市商制度或者混合交易制度。其中，美国NASDAQ市场无疑是做市商制度发展最为完善、最为成功的典范。

做市商制度在纳斯达克市场成立初期就开始实施，对于每只新挂牌股票，至少要有两家做市商为其报价。一些流动性较好、规模较大的股票对应的做市商甚至可以达到几十家。做市商之间存在竞争关系，故其报价更趋向于真实值，能够减少投资者因信息不对称带来的风险。同时，做市商为公司股票进行积极的营销活动，有利于增加市场的流动性。纳斯达克市场对于做市商的义务要求、准入条件和监管等方面有着一套完善的运作体系，加强了投资者信心。

二、做市经典案例：凌志软件（830866）

自引入做市商制度以来，新三板交投持续升温，投资活动十分频繁。2014年12月12日，有87只个股成交，成交总额达7060万元，较前一个交易日的成交总额3189万元大幅增加。其中，首日转为做市商交易的凌志软件（830866）以4263万元的成交量占据做市个股"半壁江山"。凌志软件于2014年12月12日采取做市转让方式，做市商有天风证券股份有限公司、国泰君安证券股份有限公司和上海证券有限责任公司。

1. 主营业务

公司专注于向国际、国内客户提供高端的软件外包与服务，包括对日软件外包服务、为国内证券业提供行业应用软件解决方案，业务范围涵盖了咨询、设计、开发、测试、验收上线、运行维护等软件全生命周期作业。

（1）对日软件外包与服务。

公司对日软件外包服务全面涵盖证券、银行、保险、房地产、电信和电子商务等重要行业，为上述行业企业开发核心业务软件系统及管理软件系统。主要业务范围包括软件基本设计、详细设计、开发、单元测试、链接测试、系统测试及后续软件维护等工作，公司也直接承接了日本大型企业的核心IT咨询业务。

（2）国内市场行业应用软件解决方案。

公司依托多年对日软件外包积累的丰富经验，经过近几年的产品研发及国内市场特别是国内证券市场开拓，公司以国内证券业创新发展为契机，在证券业应用软件解决方案领域树立了良好的市场形象，为国内证券公司提供大投行综合管理平台、MOT关键时刻服务管理系统、CRM营销服务一体化平台、金融衍生品交易平台等证券业应用软件解决方案，上述系统全部由公司根据客户实际需求进行独立设计、开发和维护。

2. 商业模式

公司专注于向国际、国内客户提供高端的软件外包与服务，业务主要来自日本和国内市场。公司在日本市场已经营十余年，具有较强的跨文化沟通能力并对行业有深刻的理解，目前主要从日本国内的一级软件接包商手中通过项目分包的方式获取最终用户的部分软件外包项目业务，涵盖了软件基本设计、详细设计、编码、单元测试、链接测试、系统测试及后续软件维护等工作。另外，公司也直接承接了日本大型企业的核心IT咨询、设计、编码、测试及运维业务，公司每月与日本客户按约定工作量进行结算来获取收益。国内市场主要采取产品深度定制开发的服务模式，为国内客户特别是证券公司客户提供IT咨询及解决方案，并按照合同约定节点提供服务并收取费用。

（1）采购模式。

公司采购的产品和服务主要包括操作系统、数据库、开发工具等软件产品，计算机设备、网络设备等电子设备以及第三方软件外包服务等。软件产品和电子设备由于供应市场成熟、竞争充分，公司的采购量与市场供应量相比非常小，采购需求能得到充分满足。

报告期内公司主营业务迅速增长，为解决项目工作量波动导致的人员临时性不足或空闲问题，将主要精力专注于软件外包中的高附加值业务。在确保项目进度和质量前提下，公司在交付能力不足时提前进行人力外包安排，并将软件外协公司的开发人员统一纳入公司的人员调配系统进行管理，从而较好地保证了公司外包业务的交付能力。

（2）销售模式。

根据公司业务特点，公司的软件外包与服务业务主要来自日本和国内市场。日本市场主要通过日本子公司和公司高级管理人员的市场拓展，与日本客户通过招标或直接商谈的方式建立合作关系，从而获取软件外包服务业务。国内市场主要通过公司市场人员和高级管理人员的市场拓展，通过招标或直接商谈的方式，为国内客户特别是证券公司客户提供IT咨询及解决方案。

企业于2014年7月30日登陆新三板。登陆之初，采取协议转让的交易制度，在4个多月的协议转让期内仅有两天的成交记录，且总金额不足160万元，却在转为做市商交易制度的当天就成为整个新三板市场关注的焦点：开盘暴涨150%，之后开始快速拉升，盘中虽有小幅震荡，但收盘价仍大涨245.64%，报价18.25元；早盘两笔将近1万手的大单以12.67元的价格快速成交，之后超过1000手的大单也有5笔；全天换手17.37%。火爆的涨幅和成交量在新三板全部挂牌企业中实属罕见。

三、做市经典案例：万绿生物（830828）

云南元江万绿生物（集团）有限公司，简称万绿生物（830828），成立于1999年，从事芦荟种植及芦荟制品开发销售业务。公司采用膜分离技术生产芦荟工业原料，生产芦荟凝胶丁、果酱、芦荟汁、芦荟粉和日化终端产品。虽然成立时间只有15年，但拥用规模化的芦荟种植基地、强大的研发技术能力，"万绿"牌芦荟工业原料被广泛运用于全国食品、药品、日化等行业，并出口欧美40多个国家和地区，可口可乐、雀巢、相宜本草、汤臣倍健、蒙牛、伊利等知名企业已成为万绿公司的稳定用户。

1. 公司的业务

公司自1999年8月成立以来，一直从事芦荟种植及芦荟制品的开发、销售等业务，主要业务未发生重大变化。公司经核准的经营范围：芦荟及其生物开发、种植、加工、销售和技术咨询服务；保健品、食品、化妆品、保洁用品的生产和销售等。

2. 公司的主要产品、服务及其用途

按客户类型划分，公司芦荟制品分为销售给生产企业的芦荟工业原料和销售给零售客户的芦荟终端产品两大类。其中，芦荟工业原料是公司目前的主要产品。

3. 商业模式

公司业务立足于芦荟的种植、加工与销售，利用规模化的芦荟种植基地、强大的研发技术能力和知名的品牌，主要通过直销的方式为下游的可口可乐、伊利等企业提供优质的芦荟凝胶丁、芦荟果酱、芦荟汁、芦荟粉等芦荟工业原料。公司现有商业模式中包括了芦荟鲜叶的采购模式、芦荟工业原料的加工模式、主要产品的销售模式。

（1）采购模式。

公司主要原材料是芦荟鲜叶，取得芦荟鲜叶通过自有种植和外购两种方式。自有种植方式是指公司通过承包、租赁和互换的方式取得适合的芦荟种植土地，按规范标准种植符合质量要求的芦荟鲜叶并采收，公司拥有自有种植

的芦荟基地6189.11亩；外购方式是指公司向农户直接收购符合质量要求的芦荟鲜叶。公司严格遵守相关采购标准和流程，确保物料质量和交期满足生产需求。

（2）生产模式。

公司生产部根据历史销售情况及营销中心《年度销售计划》制定《年度生产计划》。根据该《年度生产计划》，公司采供部组织原材料等物料的采购，生产部组织订单产品的生产。

为满足市场客户订制和公司产品更新的需求和提高公司的竞争力，公司不断提高研发和生产能力，以便快速适应市场的变化。公司率先将膜分离技术运用到芦荟加工中，建成了国内第一条芦荟膜分离浓缩生产线，形成公司的核心技术优势。

（3）销售模式。

目前主要采取厂家对厂家直接销售的模式进行产品销售，少量国外客户由代理商进行销售。公司全部以自主品牌产品向国内外销售。经过多年实践，公司形成了"抓住现有品牌大客户，不断开发新品牌大客户，培养中型客户，兼顾小型客户"的销售策略和模式。经过多年发展，公司产品覆盖全国，并出口欧、美等多个国家和地区。公司还积极开展电子商务，在Google、百度、阿里巴巴等大型网站设立网页进行形象展示，从而获得商机。

公司于2014年7月4日在新三板挂牌，是国内沪深两市及新三板中唯一一家芦荟生产加工企业，同时也是国内最大的芦荟工业原料供应商。公司于2014年12月8日转为做市商交易，其做市商包括安信证券股份有限公司、海通证券股份有限公司、中信证券股份有限公司、华融证券股份有限公司和中原证券股份有限公司。转为做市商交易后，万绿生物连续5日收出光头光脚的阳线，以9.16元的收盘价创历史新高，成为做市交易的又一段佳话。

四、做市经典案例：海容冷链（830822）

青岛海容商用冷链股份有限公司，简称海容冷链（830822），成立于2006年8月8日，是和路雪、蒙牛等600多家国际国内知名企业的供应商，并且着力研发多种适用于商超、便利店的冷链终端产品，积极占领医用领域和低温食品冷冻市场。针对客户需求，公司专注市场细分，走差异化竞争之路，打破了人们对"中国制造"的传统印象，通过一台台集合个性化设计、高附加值的冷柜产品进入国内前三甲，并成功打入国际市场。海容冷链是根正苗红的成长股，2013年和2014年上半年净利润同比增长率均高于55%，而且该股2014上半年净利润已经高达3843万元，净资产收益率达26.85%，盈利能力非常不错。

1. 公司主要业务

公司专注于商用冷链设备的研发、生产、销售和服务，以商用展示柜为核心产品，为客户在销售终端的食品冷冻、冷藏及展示提供定制化的产品和服务。

2. 公司主要产品及用途

商用展示柜属于冷链物流设备中的终端设备。公司客户主要经营冰淇淋、乳制品、饮品、速冻食品、冷鲜食品等快速消费品。按照食品储藏温度要求的不同，公司商用展示柜主要分为商用冷冻展示柜和商用冷藏展示柜。

3. 商业模式

公司专注于商用冷链设备的研发、生产、销售和服务，以商用展示柜为核心产品，为客户在销售终端的食品冷冻、冷藏及展示提供定制化的产品和服务，同时公司向其他制冷产品生产商提供少量ODM（Qriginal Design Manufacture，原始设计制造）产品，公司拥有完整的产品研发—采购—生产—销售—服务等业务链，经营模式清晰。

（1）商用冷冻展示柜。

公司商用展示柜作为冷链物流的终端设备，利用高效制冷、节能环保技术及定制化的设计、生产，为客户在销售终端的食品冷冻、冷藏及展示提供定制化的产品和服务。公司商用展示柜业务采用面向企业客户的销售模式，向联合利华、雀巢、伊利、蒙牛等冰淇淋或乳制品生产商销售，公司与客户签订年度采购合同，由客户下达分批采购订单，公司根据采购订单组织生产客户专用的定制化产品，并直接发送到客户在各地区的办事处或销售终端，客户按期分批支付货款。

（2）ODM业务。

为充分利用淡季产能，公司同时开展ODM业务，向其他制冷产品生产商提供少量ODM产品。ODM产品主要是商用展示柜和常规冷柜等。公司与其签订年度采购合同，由客户选定产品型号，公司根据采购订单组织生产产品，客户来公司提货，并按照提货期分批支付货款。客户采购的产品主要针对的是零售市场，与公司直接面向快速消费品生产商销售产品的业务模式存在较大区别，双方市场没有直接的竞争关系。

ODM业务是公司充分利用产能，扩大公司原材料的采购数量，有效降低采购成本，提高公司盈利规模的重要补充。

目前公司ODM客户所选择的产品，从产品的方案制定、设计开发到批量生产均由海容冷链完成，ODM客户负责产品的销售和服务。ODM产品中所应用的技术与公司商用展示柜产品所应用的技术多为共用技术，因不同的产品功能及设计需求，可以选择在产品上应用不同的技术和专利。

公司目前的ODM客户主要有合肥美菱股份有限公司（以下简称美菱公司）、安徽康佳电器有限公司（以下简称康佳公司）。作为国内知名的家电产品生产商，具备成熟的冰箱销售渠道和全国性的售后服务网络，因其发展的需要，必须选择能够提供互补性产品的厂家，以满足市场的多样性需求。

美菱、康佳公司在海容冷链选择适合其市场需求的产品，双方签订包括价格、付款、质量、售后、品牌使用授权等内容的协议后，由美菱、康佳公司给海容冷链下达订单，公司按照美菱、康佳的订单要求组织生产。

目前公司所有ODM产品均执行工厂交货并按期支付货款，ODM产品的运输、销售和售后服务均由美菱、康佳公司完成。

公司通过不断提升产品研发、生产制造和专业服务的能力，不断推出更加满足客户需求的，更加贴近市场的专业化和差异化的，符合和引领客户需求的定制化冷链产品和服务。这就是公司的盈利模式。

海容冷链于2014年7月1日在新三板挂牌，前期股票主要是协议转让，没有任何成交记录。同年12月26日，海容冷链正式在全国中小企业股份转让系统上线做市交易，做市商为中信证券、国金证券、兴业证券、招商证券。采用做市商交易制度后，交易量开始小幅增加，12月26日当天全天上涨6.4%，报价10.48元。

第三节
协议转让

《全国中小企业股份转让系统股票转让细则（试行）》曾明确提出，在交易机制方面，全国股转系统将并行实施做市、协议和竞价三种转让方式，符合条件的挂牌企业可依需从在三种方式中任选一种，三种方式不可兼容，但若企业需求变化，可以依规进行变更。目前，新三板交易方式实施的交易制度是除做市制度之外的协议转让。协议转让是由买卖双方在场外自由对接达成协议后，再通过报价系统成交的。

一、协议转让的概念及方式

协议转让是交易双方在交易中心主持下采取协商、洽谈等方式完成产权协议成交的交易方式。在企业产权转让的案例中，一般是以协议转让方式为主。这主要是因为交易过程中涉及方案、债务债权、产权转让的报批、资产的评估等事宜，而我国目前市场运作体系并不完善，所以协议转让成为一种优先选择。协议转让主要有经批准的协议转让和公开征集后的协议转让两种方式。

1. 公开征集后的协议转让方式

我国对于国有企业通过协议转让方式进行产权转让有着明确的要求，要通过公开征集且仅能产生一个受让方的，可以采取协议转让。还要进行可行性研究，按照内部决策程序进行审议，并形成书面决议。根据要求，对于公开征集，必须在省级以上公开发行的经济或者金融类报刊和产权交易机构的网站上公示20个工作日。

2. 经批准的协议转让方式

国有企业的产权转让也可以采取经批准的协议转让方式进行交易。这种转让方式需要经过省级以上国有资产监督管理机构批准，主要有两种情况：第一种是对国家经济具有关键作用的领域和行业，受让方有特殊要求的，例如，烟草企业、军工系统等。这些领域关乎国家经济命脉，不适用公开征集受让方，所以采取经批准的协议转让方式进行交易。第二种属于企业集团内部的转让，在企业资产重组中将企业国有产权转让给所属控股企业的国有产权转让。这种交易的目的是完成集团内部资产的最优化配置，避免国有资产流失。

无论是采取哪种协议转让方式，转让方案都要进行精心设计，双方应就债权债务关系、资产处置、职工安置等问题进行充分协商，并达成一致意见。在国有产权协议转让中，双方应将国有资产监督管理机构核准或备案的评估报告作为协商价格的基础，转让价格应不低于批复中明确的转让价格。在确定最终价格的过程中，还要充分考虑资产评估结果、可替代资产的市场价格、市场的供求关系等因素。成交价格低于评估结果90%的，应当报有批准权限的机构批准。根据我国相关规定，双方达成协议后草签《产权转让合同》和相关担保合同，在出让方履行决策程序后，合同生效。产权交易中心根据《产权转让合同》完成交割付款凭证，出具《产权交易成交确认书》。交易双方凭产权交易中心出具的《产权转让合同》和《产权交易成交确认书》到相关部门办理有关变更登记手续和国有资产注销登记。

二、协议转让经典案例：秋乐种业（831087）

河南秋乐种业科技股份有限公司，简称秋乐种业（831087），成立于2000年，是以河南省农业高新技术集团为第一大股东，联合河南省有实力的20多家农业科研单位、创投公司等共同持股的"育繁推一体化"的种子企业。总注册资本1.3086亿元，总资产5亿多元。公司主营玉米、小麦、花生、棉花、大豆、油菜、芝麻等主要农作物种子，销售网络遍布全国二十多个省份。秉承"依靠科技进步，服务农业农民"的经营理念，品牌美誉度逐年提高。

2014年8月18日，公司股票成功在新三板挂牌，自此公司正式进入资本市场。公司将通过收购的形式弥补科研力量和市场力量的不足，研发出若干优良品种，为我国粮食安全、世界粮食安全做出应有的贡献。未来10年，秋乐要发展成为国内前茅、走向世界的种业龙头企业。公司将在募集研发和发展资金方面获得更多优势，将成为推进河南种业行业整合的重要力量。

1. 主营业务

公司主要从事玉米、小麦等大田作物种子的选育、制种、推广和技术服务，主要产品为高产、稳产、高抗的玉米杂交种以及小麦、棉花、花生油料等其他种子。

2. 商业模式

目前，国内种子行业以"品种权经营"为主要经营模式。在经营运作过程中，种子企业的科研育种能力、繁殖及加工过程的质量控制能力以及种子产品的销售推广能力成为企业的核心竞争力。

种子品种获取一般有三种途径：①在自有土地或租赁土地上进行种子选育、组配、筛选试验、区域试验等方式自主研发种子品种；②通过与大学、科研院所等进行合作研发或委托育种；③品种权或许可经营权的购买。

根据多年积累和培养的丰富市场经验及市场敏感度，制定出各品种的生产和推广计划。公司将亲本或原种制种交付给委托制种单位（包括代繁公司和农户）代为繁种，并对种子进行加工、检验和包装，最后进入销售体系。公司的种子销售主要由营销中心负责，依据全国主要农作物种植区域划分，并在重点区域设立分公司，同时公司给予金娃娃公司、豫研公司、维特公司三家子公司较大的销售自主权，充分发挥各自的经营优势和网络优势，加快品种推广销售，提高市场占有率。根据每年的总体销售目标及经销商所辖区域实际需求情况，公司向经销商提出本年销售目标，得到经销商认可后，双方于每年销售季开始前，即每年10—12月，签订销售协议。公司统一采取现款现货政策。为缓解流动资金压力，经销商通常会根据所辖区域的种植季节、购买习惯等因素分批次从公司提货。

（1）研发模式。

优质种子新品种的选育和推广，不仅会给企业带来巨大的经济效益，同时也能创造巨大的社会效益。农作物品种具有一定的生命周期，一般分为区试审定期、示范推广期、增长期、成熟期和衰退期等五个阶段，随着原有优质品种发展潜力与遗传优势的不断衰减以及竞争对手替代品种的出现，原有品种将进入衰退期，利润率和销量均大幅下滑，因此种业公司必须不断在种子培育上推陈出新。公司主要有两种研发方式：自主研发和合作研发、委托育种。

公司经过多年发展，吸引并聚集了一批在玉米、小麦等作物育种领域具有行业领先技术、经验丰富的科研人员，形成了稳定的创新型育种团队。开展科学育种研发，目前具有国家企业技术中心和河南省省级企业技术中心认定的农业部黄淮海主要作物遗传育种重点实验室。公司已研发出"秋乐151""秋乐杂8号""秋乐杂9号"等品种，并且有近30个玉米、小麦等品种正在进行审定试验。公司研发工作主要由秋乐研究院负责，秋乐研究院内部设科研管理中心、玉米研究中心、小麦研究中心、经济作物研究中心。公司建立了甘肃、海南、河南等研发育种基地。其中，海南基地由于其特殊的地理位置，可以与北方基地在育种时间上形成互补，在玉米制种方面为公司提供了重要的支持。

本公司同国内众多科研院所建立紧密的联合育种关系，向科研院所提供一定的育种经费，科研院将把培育功成功的品种交由本公司进行商业化开发。多年来与本公司保持紧密合作关系的科研院所包括中国农业科学院、中国农业大学、河南农业大学、开封市农林科学研究院、飞马基因有限责任公司等科研单位。

（2）生产模式。

公司生产主要是指种子亲本的扩繁和种子的生产。亲本自交系的扩繁是种子生产的基础，其质量直接决定了种子的质量，所以农户生产所需的亲本种子均由公司提供。因为种子亲本的需求量不大，基于保护知识产权、保障种子质量等原因，公司每年根据生产计划将原种发往海南基地和甘肃基地，雇用当地农户，在公司技术人员和质量管理人员的监督指导下进行亲本扩繁。

公司会与预约生产方签订《预约生产合同》，由公司提供制种亲本，约定由生产方在公司租赁地或指定地域组织生产种子。公司委托制种方生产特定品种种子，约定生产的环境及技术要求，并且规定制种方不得私自繁育亲本自交系或委托制种品种的种子等。种子生产完成后，种子在纯度、净度、发芽率、米粒、芽谷等方面均需符合约定的要求。

（3）采购模式。

公司的采购物品主要分为两部分：一部分是从受托制种单位采购来用作种子原材料的果穗或籽粒，还有一部分是用于种子生产加工的种衣剂及包装物。公司根据自身品种情况、市场需求状况及经营能力等具体情况，每年制订下一年度的采购计划，并给予各子公司、相关部门及分公司关于外购种子产品及农化产品的适度自主性。各子公司、相关部门及分公司根据采购计划，结合自身经营实际情况，与采购供应商签订合同，如需调整采购计划须经公司管理层审核通过后执行。在实际采购过程中，公司会对供应商进行严格的选择。

（4）销售模式。

种子的最终用户为广大种植户，具有数量大、区域广、交易频繁、单笔金额小的特点，为提高经营效率、节约经营成本，公司采取"公司——市、县、乡级经销商或分公司——种植户"的销售模式。目前，公司拥有千余家经销商，基本建立了覆盖全国的营销服务网络。

公司的种子销售主要由营销中心负责，依据全国主要农作物种植区域划分为五大营销区域，即华东区、中南区、华北区、豫东区和东北区，同时在公司重点经营区域建立了第一分公司、山东分公司和吉林省分公司。公司通过各区域营销中心管理分公司，通过分公司管理所在区域的经销商，建立了扁平化的销售网络，减少了流通环节，提高了营销服务质量。按照统分结合的经营思路，在统一营销策略的安排下，公司给予金娃娃公司、豫研公司、维特公司三家子公司较大的销售自主权，充分发挥它们各自的经营优势和网络优势，加快品种推广销售，提高市场占有率。

秋乐种业在新三板协议转让股市场中一路领先，屡创佳绩。2014年11月28日，秋乐种业成为"亿元大户"，成交额突破亿元大关。次日，新三板市场交投明显升温，市场总成交额再回亿元以上，个股当中秋乐种业成交额超过协议转让股票总成交额2/3，涨幅超过100%。从市场活跃度方面来看，协议转让市场成交量为3180.48万元，成交额为1.53亿元，其中秋乐种业成交量2009万股，成交额突破亿元大关，占协议转让市场总成交金额的65.6%。

三、协议转让经典案例：中搜网络（430339）

北京中搜网络技术股份有限公司，简称中搜网络（430339），是国内领先的搜索引擎技术服务商，掌握着搜索引擎、个性化微件、云计算、移动开放平台等多项互联网核心技术。在公司推出的移动产品中，"中搜搜悦"覆盖移动搜索、兴趣社交、新闻阅读、应用下载、网址导航、生活服务、互联网金融等多项内容，为用户提供了个性化移动互联网入口服务，并以云服务方式为企业级用户提供移动互联网解决方案。

1. 主营业务情况

公司是国内领先的第三代搜索引擎服务及技术应用提供商。成立至今，公司一直致力于自主创新，以第三代搜索引擎技术为核心，依托自主开发的移动客户端及网络平台，为个人及企业客户提供通用搜索服务、行业搜索服务及企业互联网解决方案服务。

2. 主要产品和服务

公司对外提供的主要服务有通用搜索服务、行业搜索服务及企业互联网解决方案服务。通用搜索服务指向大众网民用户提供互联网信息获取服务为主的搜索引擎服务，行业搜索服务指向商务用户提供行业相关的互联网信息获取服务为主的商业信息搜索服务，企业互联网解决方案服务指为企业客户提供的电子商城等互联网业务推广解决方案的服务。

（1）通用搜索服务。

公司的通用搜索服务依托"中搜网"（http://www.zhongsou.com）及"中搜搜悦"移动客户端，以国内领先的第三代搜索引擎技术为核心，免费向网民提供深度、精准的知识图谱化信息搜索服务。中搜网本着"让互联网更简单"的理念，通过搜索技术与人工智慧的结合，为用户呈现更为开放的多维的搜索结果，提供更加全面、准确、智能、互动、美观的搜索服务。与国内其他搜索引擎公司提供的条目罗列形式的第二代搜索引擎相比，用户输入关键词后，在中搜网第三代搜索平台上得到的搜索结果是一个分门别类的、由微件灵活组成、个性和统一相结合的知识图谱化页面，用户可以更加简单快捷地实现信息和知识的浏览，并将搜索结果进行知识系统化，输入任何一个关键词用户都能获得完整的知识体系。

同时，针对飞速增长的移动互联网市场，公司于2013年正式发布"中搜搜悦"移动客户端，实现了第三代搜索引擎平台向移动互联网拓展的战略布局。该客户端以"随时随地搜索你关注的人和事情"为核心目标，为移动用户提供集新闻、网页、论坛、图片、视频、博客、相关人物、相关企业、相关产品、百科知识等数十个特色微件为一体的聚合搜索结果，实现了第三代搜索和移动阅读的完美结合，提升用户的移动搜索体验。此外，中搜网以云服务方式向企业及个人客户提供搜索引擎关键词技术平台及合作运营服务，企业与个人可以参与搜索引擎内容优化、运营推广等工作并获取搜索引擎广告及运营分账收益。

（2）行业搜索服务。

公司的行业搜索服务依托"行业中国"平台（http://www.zhongsou.net），以第三代搜索技术为基础，通过全网搜索的方式，为个人用户及中小企业客户提供专业化、领域化和个性化的行业信息、供应信息、求购信息、企业信息、新闻动态、政策法规等，实现全网获取、本地整合、及时更新的行业搜索服务，构筑垂直的行业搜索门户平台。面向企业客户，公司的行业搜索服务利用第三代搜索中B2B搜索技术，满足客户构建行业门户的需求，以云服务平台的方式向企业客户提供搜索引擎技术服务在内的完整解决方案、提供互联网数据和技术支撑及相关运营服务。

（3）企业互联网解决方案服务。

为了满足企业进一步的电子商务及网络营销需求，公司利用多年的网络平台运营经验，向客户提供包括网上商城系统、行业通及中搜V商、中搜移动船票、多渠道营销管理系统等产品在内的集前期策划建站、软硬件技术平台服务为一体的企业互联网解决方案服务。

网上商城系统：公司利用其拥有的云服务平台，向传统企业提供网上商城的互联网技术解决方案及平台服务。

行业通及中搜V商：向企业级客户提供发布信息的会员服务，利用中搜行业中国平台及中搜V商企业微博平台实现企业供应、求购、企业信息等商业信息的及时发布及用户互动服务。

中搜移动船票：公司为中小企业客户提供的包含企业移动APP技术在内并基于中搜及外部平台提供移动互联网营销服务的整体解决方案。

多渠道营销管理系统：公司为那些已经在不同B2C网站开设了网上商城（店铺）的企业，提供网络零售渠道管理的技术解决方案及平台服务。依托多渠道营销管理系统，企业实现在一个后台上对不同B2C网站上的产品进行统一管理、配送及数据统计等。

3. 商业模式

作为互联网行业的重要组成部分，搜索行业的经营模式具有"眼球经济"的特点。搜索引擎运营商通过免费为网民及消费者提供信息浏览、索引服务，以凝聚人气，提升平台的媒介价值，从而获得广告主的青睐。因此，搜索引擎平台积累的用户基础是其价值的核心体现。搜索引擎运营商针对网民的搜索需求不断推出不同类别的搜索产品，同时从另一方面获得来自广告主的广告投入。

在此基础上公司进行大胆创新，在搜索引擎领域推出独创的开放、合作业务模式，在市场上获得了良好的反响。在该模式下，公司不仅限于为客户提供信息搜索及广告服务，而是本着合作经营的理念，通过分成、共享机制让客户参与搜索平台的构建过程中，利用开放平台整合行业及社会力量，共同构筑知识驱动的社会化搜索平台。

4. 盈利模式

（1）用搜索业务的盈利模式。

公司的通用搜索业务采用"广告+技术服务"的盈利模式。依托中搜网第三代搜索引擎平台及移动客户端"中搜搜悦"，公司通过让合作方参与搜索结果页面的构建及持续优化，结合公司的技术资源和合作方的知识资源，共同构筑知识驱动的搜索结果，并按照合作方对于SRP贡献的资源、内容和SRP上的广告消耗等重要指标分享搜索结果页面上的广告和信息发布的收益。在此过程中，公司作为技术服务提供方，为合作伙伴提供技术平台及数据资源支持，并取得相关技术服务收入。

（2）行业搜索业务的盈利模式。

在行业搜索领域，公司主要通过为行业门户合作伙伴提供包括建站服务以及求购信息搜索、企业信息搜索、新闻动态搜索、行业资讯搜索等一系列搜索技术及相关行业数据支持，以收取一定的服务费。

5. 采购模式

公司由财务中心下设的商务管理部负责受理各部门的采购申请、提交审批、供应商评价及执行采购等职责，由相关部门人员组成的招标委员会负责对合格供应商的评选、评标。采购实施人员负责办理采购手续及外购合同的审批，申请部门或人员配合采购实施人员对采购产品进行验收、保管及维护。

公司采购模式主要包括集中计划采购、长期报价采购和临时需求采购三种方式。其中，集中计划采购首先由需求部门通知请购部门依计划提出请购，经采购部门汇集各部门采购需求后，集中办理采购；长期报价采购针对经常性使用且使用量较大的材料，采购部门从公司自建供应商库中选定合格供应厂商，根据议定的长期供应价格进行采购；临时需求采购是指非经常性的短期采购，通常由采购部门进行至少3家供应商的比价后进行采购。

6. 销售模式

公司产品的销售主要是通过直接向客户销售以及委托代理商销售相结合的方式进行。目前，公司共拥有销售人员1 057人，并与30家代理商建立了合作关系。

其中，直销模式是公司的主要销售模式，公司以市场部、销售管理部、运营管理部和客户服务部为主对营销服务工作进行统一管理，营销方式以电话销售为主。目前，公司已在北京、上海、深圳、广州、宁波、杭州、南京、武汉、重庆、郑州、天津等11个城市设立子公司，并配备了专业营销人员、售后业务实施人员和客服人员。同时，公司在常州、合肥、青岛、沈阳、成都等地区，通过代理商销售的方式进行销售覆盖。未来公司将完善公司销售网络，提高市场占有率。

公司与代理商之间合作模式，主要通过代理商代理销售产品及向客户提供本地化服务的模式进行合作，通常是本公司、代理商与客户签署三方合同，代理商收到客户款项后扣减代理合同约定的代理销售费用及本地化服务费用后将余款汇给本公司，本公司根据回款和合同审核代理商提单，确认销售收入。

2013年11月8日，中搜网络在新三板成功挂牌。挂牌当日便以23元/股的价格成为新三板市场的明星企业。2014年，中搜网络市场交投活跃，于7月份成功获得1亿元定向增发融资，并于11月份再度发行2.2亿元的股票融资方案。目前，中搜网络股价已突破30元/股，是新三板市场内极少数的高价个股之一，市值逼近12亿元。

据全国中小企业股份转让系统数据显示，2014年12月16日新三板挂牌股票成交18722.83万元，成交1409笔。其中采用协议转让交易的中搜网络（430339）个股成交额突破1000万元，成为新三板市场采用协议转让的明星企业。

第四节
优先股

在西方发达国家，优先股是一种很重要的企业融资方式。早在19世纪30年代，美国、英国的一些企业就通过发行优先股融资，之后其他发达国家也普遍开始使用，优先股在二级市场上的交易也很活跃。优先股作为一种融资方式，特别是在经济衰退时期，对证券市场、企业和投资者都起到了一定的积极作用。

而我国金融市场还不成熟，在很多方面尚不完善，现有的制度也是参照西方相关制度制定的。由于优先股是在资本市场信息不对称的时代发展起来的，而我国资本市场的建立直接借鉴了西方发达国家完善的金融市场体制，所以一直没有引进优先股。近年来，一系列法律法规的出台推动了优先股在我国的发展：2013年12月，《优先股试点管理办法》经中国证券监督管理委员会第16次主席办公会议审议通过；2014年4月，银监会、证监会发布《关于商业银行发行优先股补充一级资本的指导意见》。新三板优先股操作细则的推出将对中小商业银行、券商等金融机构产生很大的吸引力。

一、优先股与企业融资

优先股是指股东在某些方面比普通股股东享有优先权利的一种股份，也可将其定义为既具有股本权益特征又具有负债特征的一种股份。它通常具有固定的股利并且优先于普通股获得，而且在公司破产清算时，优先股对公司资产的索取权也优先于普通股，次于债权人。因此可以说优先股是一种混合证券，其基本属性为股票，但又具有明显的债券特性。

1. 优先股的特征

（1）优先股有固定的股息收益率。

由于优先股股息率事先固定，所以优先股的股息一般不会根据公司经营情况而有所增减，而且也不能参与公司的分红，但优先股可以先于普通股获得股息。对公司来说优先股由于股息固定并不影响公司的利润分配。

（2）优先股的权利范围小。

优先股股东一般没有选举权和被选举权，这表现为对公司的重大经营决策无投票权，但在某些情况下可以享有投票权。在优先股股东的表决权限管理中有严格限制，优先股股东在一般股东大会中无表决权或限制表决权，但当会议讨论与优先股股东利益有关的事项时，优先股股东具有表决权。

（3）优先股股东对公司资产的索偿权先于普通股股东，但次于债权人。

金融危机后，世界经济进入了非常紧张的状态，对上市公司来说，如何以最低的成本筹集到适当期限、适当额度的资金是一个非常重要的问题。优先股筹资具有很多优点，对于上市公司来说是一个很重要的筹资方式。

优先股不仅为公司提供了融资途径，还能够化解公司IPO压力；优先股必须按照约定分红，有助于实现强制分红约束，并可有效防范虚构利润；优先股并不上市流通，也有助于减轻市场压力。正是因为优先股的这些优点，给上市公司融资带来了极大的便利，上市公司应该正确合理地利用优先股进行融资，从而促进企业的长期发展。

2. 发行优先股的优点

第一，完善公司治理结构。随着我国市场经济的不断发展，特别是资本市场的不断完善，在企业融资和推动经济发展方面对优先股的需求也不断增加。与普通股和债券相比，优先股有其独特的优势。从融资角度看，发行优先股能够实现股权融资同时不稀释控股权；当股票的市场价格处于下跌状态或者企业遭遇财务困难时，普通股的发行失败概率比较高，而优先股能够不受经营业绩的影响享受固定股息，这就使得公司融资的成功概率有所保障。另外，从投资角度看，优先股的投资风险较普通股小、较债券大，是一种风险小、收益高的金融工具，有利于稳健型机构投资者进行投资。优先股具有稳定的价值，股价波动较小，投资者主要为长期投资者，交易换手率低，所以发展一定规模的优先股有利于稳定证券市场。优先股制度的引入势必会丰富投资渠道，改善资本结构，活跃资本市场，并且利于倡导正确的投资意识，从而抑制我国股票市场投机之风。

第二，发挥财务杠杆作用。公司财务管理的目标是实现股东财富的最大化，从普通股股东的角度来看，优先股可以被视为一种永久性负债。在公司资本结构条件固定的情况下，公司从税前利润中支付的债务利息、优先股股息等资本成本是相对固定的，当税前利润增长时，每一元利润所负担的固定资本成本就会减少，从而使普通股的每股收益增长得更快。所以，通过发行优先股来调整企业资本结构，可以有助于公司财务管理目标的实现。

第三，规范和稳定股票市场。目前我国股票市场上所发行的股票都是普通股，没有发行优先股。优先股与普通股本就应该相辅相成同时存在，所以我国股本市场只发行普通股不发行优先股的做法是不规范的。目前各国股票市场在发行普通股时一般都会同时发行优先股，随着优先股在我国的正式实施，我国也开始遵守这一国际惯例，将普通股和优先股同时发行。优先股投资者没有投机心理，它们是股市中最稳定的部分。所以，发行优先股会对稳定股市会起到一定的正面作用，而并不会对市场有所冲击。

第四，提升企业资本充足率。发行优先股可以在不稀释股权的前提下实现股权融资，有利于增加公司自有资本，提升资本充足率。在抵御恶意收购方面，优先股也具有很大的优势，优先股具有稳定的内在价值，其价格的变动就比较小，有利于机构投资者和长期投资者进行稳健的投资，并且利于投资者树立正确的投资意识，从而促进我国股票市场长期稳定的发展。因此，优先股的实施必将改善资本市场的资源配置，完善资本市场，增加企业资本充足率，活跃市场经济。

3. 发行优先股的缺点

第一，融资成本较高。虽然优先股融资成本比较低，但与债券融资相比仍是高。优先股股息是税后支付的，并不能冲减税前利润，这就增加了企业的税收负担，提升了融资成本。公司进行融资的立足点是用较低的成本获得充足的资金，发行优先股融资使得企业不得不承担较高的融资成本。

第二，股息支付金额固定。优先股股东在分配盈利时拥有优先分配权，不仅如此，股东还可享受固定数额的股息，而普通股股东所获得的红利并不固定，取决于公司的盈利情况。固定金额的股息在某种程度上会给企业造成一定的负担，因为不管企业的经营状况是好是坏，都要支付给优先股股东固定金额的股息。当企业经营状况比较差时，企业就很容易产生负债。

第三，相关法律法规较为严格。根据我国相关法规的规定，在试点期间只有具备以下三种条件之一的企业才可以发行优先股：一是其普通股为上证50指数成份股；二是以公开发行优先股作为支付手段收购或合并其他上市公司；三是以减少注册资本为目的回购普通股，公开发行优先股作为支付手段，或在回购方案实施完毕后公开发行不超过回购减资总额的优先股。目前在我国满足发行优先股条件的公司比较少，所以优先股也并不能解决很多公司面临的问题。

4. 对上市公司发行优先股的几点建议

第一，建立并完善符合我国国情的优先股制度。我国中小企业融资难的问题迟迟得不到解决，迫使我国政府开始大力推动多层次资本市场的发展。我国在2014年3月正式公布的《优先股试点管理办法》就有不同于西方国家的制度，根据我国国情，从投资者的角度，规定在我国上市公司不能发行可转换为普通股的优先股。我国的优先股制度刚刚建立，还处于一个探索阶段，这需要我们结合实践情况对优先股制度进行不断的完善。

第二，建立并完善优先股股东权益保障制度。优先股股东和普通股股东拥有不同的利益，处理好双方的关系，保障好双方的权益很有必要。对于上市公司来说，原有的普通股股东很重要，而优先股股东也为公司发展提供了资金，保障优先股股东权益十分重要。在我国，针对中小股东的权益保障制度已经比较完善，而维护优先股股东权益的法律法规还未建立。保障优先股股东的权益才能够提升投资者的积极性，在现实中具备很重要的意义。

第三，建立优先股股东表决权复活制度。优先股股东的权利和义务应对等，由于优先股股东没有表决权，当企业对剩余资产进行分配时，这部分股东便可以优先受偿。如果优先股股东未能按照章程优先获得股利，则股东的自益权得不到满足；如果股东不再具有表决权，则势必会导致权利与义务的失衡，从而使无表决权的股东失去存在的意义。

结合国外立法与实践，当下列事项发生时，应允许优先股股东参与股东大会并行使表决权：（1）公司发行新类别的优先股；（2）公司回购优先股；（3）对于累积型优先股，公司做出取消优先股未分配累积股利的决策；（4）公司对章程做出不利于优先股股东的修改；（5）公司合并、资产重组、清算破产等重大事项；（6）公司连续两年未全额支付优先股股利，自该事实发生之日起至消除之日止。

第四，制定合理的公司资本结构。在上市公司中，债务与股权应该被看作是非常重要的资本结构构成，而不应仅仅被看作是融资工具。资本结构在很大程度上决定着企业治理效率的高低。在信息不对称情况下的资本结构理论就是指把资本结构与公司治理结构联系起来，分析资本结构如何通过影响公司治理结构来影响公司的市值。目前在我国，资本结构不合理的一个很重要的原因就是企业治理结构不完善。所以，要优化企业的资本结构必须与完善企业的治理结构相联系。债务是企业资本结构的重要组成部分，目前在我国的企业中往往存在负债过多的问题，要优化我国企业的资本结构，不仅要考虑债务的约束控制，还要拓展企业融资渠道，例如优先股融资等。

第五，设立合理的优先股股息率。优先股的股息率在原则上应该高于企业的长期债务利率，例如，其股息率应该高于银行对企业贷款5年期以上的利率。但是，优先股股息率过高会有损于普通股股东的利益，会使得普通股股东提出的方案难以在股东大会上得到通过；优先股股息过低则会造成对优先股股东不公平待遇，这样也就很难吸引到投资者。另外，由于银行的存款利率经常处于波动状态，优先股的股息率也可以根据经济环境和企业自身状况的变化进行调整。所以，本文建议优先股股息率应该每年进行一次调整，其调整则可借鉴于长期借款利率的变动。这种优先股息率与长期借款利率变化相关的调整方式可以同时保护普通股股东与优先股股东双方的利益。

二、优先股试点带来的价值

第一，优先股试点有助于缓解中小企业融资渠道狭窄和融资成本高的问题。优先股不仅是中小企业获得企业发展资金、实现长期发展战略的重要渠道，而且也可能是继增发模式之后，PE资金寻求退出的新型路径。

第二，优先股试点能够吸引更多投资者参与新三板，活跃市场交易。优先股对于国内注册的海外上市公司也有很强吸引力，因其与国际接轨，更为完整的信息披露将带动新三板优先股整体风险水平下降，也将吸引更多机构投资者参与优先股市场，在一定程度上有利于改善新三板市场优先股的流动性。

第三，优先股试点能够推动高信用等级企业挂牌新三板，并在新三板市场开展融资活动。企业融资需求比较强烈时迫切需要运用多种融资手段筹措资金。对于信用水平较高的企业来说，在新三板市场发行优先股融资扩宽了其融资渠道。

三、优先股经典案例（主板）：晨鸣纸业（000488）

依据2014年3月份证监会发布的《优先股试点管理办法》，上市公司可以发行优先股，非上市公众公司可以非公开发行优先股。新三板市场还在发展初期，各项制度也正在完善中，预计新三板挂牌公司发行优先股相关制度会在年内出台。通过介绍上市公司晨鸣纸业发行优先股融资的案例，旨在为新三板公司提供参考。

1. 本次优先股发行的背景

（1）国家政策相继出台，上市公司发行优先股的制度性基础已经完备。为贯彻落实十八大和十八届三中全会的精神，深化金融体制改革，支持实体经济发展，国务院于2013年11月30日印发《国务院关于开展优先股试点的指导意见》（国发〔2013〕46号），中国证监会于2014年3月21日发布《优先股试点管理办法》（中国证券监督管理委员会令第97号），并于此后发布了优先股信息披露的相关配套文件。上述办法及准则对于上市公司发行优先股的各项条款以及信息披露要求做了明确规定，为符合条件的上市公司启动优先股发行工作奠定基础。

（2）造纸行业结构调整，有利行业龙头企业。公司所处的行业为轻工中造纸业，行业景气度与宏观经济增速高度相关。近年来，受宏观经济增速放缓的影响，造纸行业需求较弱，造纸行业整体盈利水平在低位徘徊。为缓解供需矛盾，加大节能减排力度，国家发改委、工信部、国家林业局联合印发《造纸工业发展"十二五"规划》，明确指出"十二五"期间，全国淘汰落后造纸产能1000万吨以上。2014年7月8日，工信部发布《2014年工业行业淘汰落后和过剩产能企业名单（第一批）》，造纸行业2014年需淘汰落后产能400万吨左右。

目前，行业落后产能主要集中在中小企业，国家淘汰落后产能的政策迫使中小企业退出市场竞争。截至2014年9月底，制浆造纸及纸制品业企业数量为6824家，比去年同期减少334家。中小企业的退出，在提升行业集中度的同时，减少造纸行业供给压力，缓解供需矛盾，长期利好行业龙头企业。

（3）公司业务升级加快，权益性融资需求增加。2014年，吉林晨鸣环保迁建项目建成投产，在公司调整结构、降低成本、提高效益等方面将发挥重要作用。截至2014年9月30日，公司在建工程余额为370 352.90万元，主要包括湛江晨鸣18万吨纸杯原纸项目和19万吨高级文化纸项目、江西晨鸣食品包装纸项目、黄冈晨鸣林浆一体化项目。上述项目的开工建设将加快公司结构调整，促进企业转型升级，进一步增强公司实力。

上述项目投资、产业升级改造行为的资金主要来自公司自筹和银行贷款，使得公司资产负债率处于高位。截至2014年9月30日，公司资产负债率达72.25%。较高的资产负债率不仅影响公司当前的债务融资成本，亦不利于公司经营的长期健康发展。因此，公司亟须通过权益性融资改善资本结构，促使公司稳健发展。

2. 本次发行优先股的目的

（1）有利于提升公司的整体经营效益，提高股东回报。本次发行优先股募集资金，一部分用于偿还银行贷款及其他有息负债，将有效降低财务费用，提升盈利水平。通过补充流动资金，将促进已经投入运营和即将投入运营的投资项目效益的释放，进而带动公司经营业绩的提升，保持与公司经营规模和业务发展相匹配的运营资金，为企业发展提供保障。通过本次非公开发行优先股募集资金，将有助于提升公司整体经营效益，提升股东价值。

（2）优化财务结构，提升公司抗风险能力。2011年末、2012年末、2013年末和2014年9月底，公司合并报表口径资产负债率分别为67.15%、69.94%、69.20%和72.25%，资产负债率维持在较高水平且有所增长。负债规模的上升给公司带来较大的费用负担，2011年度、2012年度、2013年度公司的利息支出总额分别为98669.24万元、143463.46万元和137053.20万元。资产负债率过高，给公司带来财务风险，其产生的利息支出拖累公司的经营业绩。

优先股作为新推出的混合性资本工具，一方面能较好地满足公司业务发展所带来的资金需求，另一方面发行可计入权益的优先股亦有助于降低公司资产负债率，改善公司的资本结构，增强公司的抗风险能力。按照本次发行募集资金45亿元（暂不考虑发行费用）的规模以及截至2014年9月30日公司的财务数据静态测算，本次优先股发行完成后，公司合并报表资产负债率将从72.25%下降至66.41%。

（3）建立多元化融资渠道，满足公司投资和发展的资金需求。公司所处造纸行业属于资金密集型行业，目前，公司主要通过银行贷款和发行公司债券、中期票据、非定向债务融资工具等满足日常生产经营及投资需求。

截至2014年9月30日，公司待偿还债务融资余额合计为104亿元，其中，中期票据11亿元，短期融资券20亿元，公司债券58亿元，非公开定向债务融资工具15亿元。公司短期借款143.67亿元、一年内到期的非流动负债10.61亿元、长期借款39.83亿元，公司现有负债规模较大，不宜进一步扩大债务融资规模。

截至2014年9月30日，公司的总股本为193640万股。其中，控股股东晨鸣控股持有的股份数为29300万股，持股比例为15.13%。由于控股股东的持股比例较低，如果采用发行普通股的方案，则控股股东的股权将会被进一步稀释，不利于公司控制权的稳定。同时，目前公司普通股的估值水平较低，发行普通股股票进行融资受到了一定的限制。

随着《国务院关于开展优先股试点的指导意见》（国发〔2013〕46号）《优先股试点管理办法》及相关配套文件的发布，发行优先股进入了可操作阶段。通过发行优先股融资是公司当前最佳的融资方式，有助于公司建立和完善多元化的融资渠道，有效满足公司主营业务的投入和发展的资金需求，且有利于保持公司控制权的稳定性。

3. 本次优先股发行方案

（1）发行优先股的种类和数量。本次非公开发行优先股的种类为附单次跳息安排的固定股息率、可累积、可参与、不设回售条款、不可转换的优先股。本次发行的优先股总数不超过4500万股，募集资金总额不超过45亿元，具体发行数量可提请股东大会授权公司董事会与主承销商（保荐机构）协商确定。

（2）发行方式和发行对象。本次发行对象为不超过200名符合《优先股试点管理办法》和其他法律法规规定的合格投资者，采取非公开发行方式。本次非公开发行不向公司原股东配售。上市公司控股股东、实际控制人或其控制的关联人不参与本次非公开发行优先股的认购。自中国证监会核准发行之日起，公司将在六个月内实施首次发行，且发行数量不少于总发行数量的50%，剩余数量在24个月内发行完毕。

（3）票面金额、发行价格或定价原则。本次非公开发行优先股的每股面值为100元，按面值平价发行。所有发行对象均以现金认购本次发行的优先股。

（4）票面股息率或其确定原则。本次发行的优先股采用附单次跳息安排的固定股息率。第1—5个计息年度优先股的票面股息率由股东大会授权董事会结合发行时的国家政策、市场状况、公司具体情况以及投资者要求等因素，通过询价方式或监管机构认可的其他方式经公司与保荐人（主承销商）按照有关规定协商确定并保持不变。

自第6个计息年度起，如果公司不行使全部赎回权，每股股息率在第1—5个计息年度股息率基础上增加两个百分点，第6个计息年度股息率调整之后保持不变。本次非公开发行优先股每一期发行时的票面股息率均不高于该期优先股发行前公司最近两个会计年度的年均加权平均净资产收益率，跳息调整后的票面股息率将不高于调整前两个会计年度的年均加权平均净资产收益率；如调整时的票面股息率已高于调整前两个会计年度的年均加权平均净资产收益率，则股息率将不予调整；如增加两个百分点后的票面股息率高于调整前两个会计年度的年均加权平均净资产收益率，则调整后的票面股息率为调整前两个会计年度的年均加权平均净资产收益率。

值得注意的是，晨鸣纸业将成为造纸行业第一家发行优先股的企业，这将有利于进一步巩固公司造纸行业龙头的地位。

第五节
股权质押贷款

企业在新三板挂牌，可以增加公司的知名度和信用，这无疑为后续融资带来了好处。企业一方面可以采取直接融资，另一方面可以通过信用评级和市场化定价等手段对公司股权进行评估，然后抵押股权获得银行贷款。股权质押贷款作为一种新型融资担保方式，与传统贷款方式相比，对银行系统的风控能力提出了更高的要求。银行需对企业的现金流状况、经营情况、未来发展前景等方面拥有正确精准的判断，并对公司的还贷资金来源要求更加严格。同时，挂牌公司也应及时、充分、完整地进行信息披露，披露信息的质量高低会直接影响股权质押贷款能否顺利进行。

一、股权质押融资基本概念

股权质押是权利质押的一种，通过出质人与质权人签订协议，约定当债务人违约时，债权人可以通过处置质押物股权的方式来保护其利益不受损或少受损失的一种担保方式。当债务人到期无法偿还债务时，债权人可以通过股份折价受偿，或将该股份出售而就其所得价金优先受偿等方式来减少损失。其中债务人或者第三人为出质人，债权人为质权人，股权为质物。质押物可以为上市公司、非上市股份有限公司和有限责任公司的股权。这种创新式的融资方式大大拓宽了企业融资渠道，有助于企业快速向前发展。

股权作为股东对公司实物资产控制权的体现，将其以质押物形式为债务人或第三人提供担保，对债务人来讲，这体现了公司资产价值和权益价值，使不易流通的股权变为可交易转换的"有效资产"。而从银行的角度分析，股权是一种良好的信贷资源，可以将属于国家政策大力扶持产业或发展前景相对较好的企业的股权作为信用担保物发放贷款，这降低了银行系统的风险。这种贷款模式不仅帮助企业解决了暂时的资金短缺问题，同时银行又能分享到高增长企业的未来经营收益，实现了资本的优化配置。

作为权利质押中的一种典型形式，股权质押生效的关键在于履行法律规定的登记或记载义务。登记设定具有公示作用，其意义在于通过股权质押的公示作用达到安全、公平、效率交易的目的。最新出台的《工商行政管理机关股权出质登记办法》主要是为了规范有限公司和非上市股份公司相关股权出质登记事宜。针对上市公司，我国目前为止还没有明文规定。但如果是法人股，银行一般会在调整每股净资产的基础上，再综合考虑公司的负债、应收账款、现金流等情况核定一个质押值，这个质押值一般为每股净资产的6~9成。随着未来股权质押方式的更广泛运用，相关配套政策和措施会被逐步完善。

对于股权质押融资的条件，以持有的有限责任公司和股份有限公司股权出质办理出质登记的，可以在当地工商管理机关办理。申请出质登记的公司股权应当是依法可以转让和出质的股权。对于已经被人民法院冻结的股权，在解除冻结之前不得申请办理股权出质登记。以外商投资的公司的股权出质，应当经原公司设立审批机关批准后方可办理出质登记。

针对不同性质公司进行股权质押融资操作并不相同，具体介绍如下。

1. 股份有限公司股权质押

如果以股份有限公司的股权充当抵押物，双方（出质人和质权人）应签订书面合同，并向工商行政管理机关办理出质登记。此外，股权出质也应符合《公司法》的相关规定，融资公司需提供董事会同意其将公司股权进行质押贷款的书面决议、股东大会授权书和股东名册等文件。

对于股权已经被托管在产权交易中心或托管中心的非上市股份公司，股权托管机构本身就是股份交易的指定场所。而未来质押股权进行交割时，也会涉及交易转让的问题。因此，股权托管机构需向工商登记部门提交出质股份的查询（核对）要求。《物权法》也做出了相关规定：非上市股份公司在工商行政管理部门办理出质登记并在合同约定的期限内将股权交由工商行政管理部门托管，即股份出质记载于保存在工商行政管理部门的公司股东名册后，股份质押合同生效。

对于上市公司的股权质押，《物权法》规定：以基金份额、证券登记结算机构登记的股权出质的，质权自证券登记结算机构办理出质登记时设立。另外《证券法》规定：股份公司上市之前必须将股东名册统一托管到证券登记结算机构。这样上市交易和托管是联动的，由深、沪两市的证券登记公司改组而来的中国证券登记结算有限责任公司对《公司法》规定的股东名册制度起到了完全的替代作用。由于上市公司的股份（股票）质押登记的操作性强，运作成熟，所以因质押登记引起的相关争议很少。

2. 有限责任公司股权质押

以有限责任公司的股权出质的，出质人与质权人应当订立书面合同，并向工商行政管理机关办理出质登记，质押合同自登记之日起生效（登记生效主义）。同时，公司的股权出质也应符合《公司法》中有关公司股份转让的规定，经股东同意对外出质的股份，在质权实现时，同等条件下其他股东对该股份有优先购买权。若不能取得半数以上股东的同意，则股权不能质押给股东以外的人，股权所有者只能从不同意出质的股东中间挑选质权人。若半数以上股东同意，出质人可以将自己的股权质押给股东以外的质权人，只需在实现质权时保证其他股东的优先购买权即可。根据《物权法》规定，有限责任公司在工商行政管理部门办理出质登记，股权质押贷款当事人须凭股权质押合同到工商行政管理部门办理股权出质登记，并在合同约定的期限内将股权交由工商行政管理部门托管，即股权出质记载于保存在工商行政管理部门的公司股东名册后，股权质押合同生效。

3. 外商投资企业股权质押

以外商投资公司的股权出质的，应当经原公司设立审批机关批准后方可办理出质登记。外商投资企业，包括中外合资企业、中外合作企业和外商独资企业，这些企业在中国设立。外商投资企业一般采取有限责任公司形式，也有采取股份有限公司形式的。另外，以国有资产投资的中方投资者股权质押，实现质权时必须经有关国有资产评估机构进行价值评估，并经国有资产管理部门确认，经确认的评估结果应作为该股权的作价依据。

4. 公司进行股权质押融资的程序

股权出质的企业召开董事会或者股东会做出股权质押决议后，股权质押贷款人还需提供股权质押贷款申请书、财务报表、资产评估报告、出质公司董事会同意质押贷款证明等资料。

二、我国股权质押贷款面临风险和现状

股权质押贷款作为一种新型融资担保形式，为股权出质企业和银行都带来了一定利益，促进了资本在金融市场的有效配置。相比于传统的不动产抵押贷款，将股权作为质押物可以降低企业融资成本、盘活企业现有资产、增加了公司的权益价值。从银行的角度来说，拓宽了其放贷范围，使得原来缺乏不动产作为担保物的优秀公司也能够通过银行贷款进行融资，为银行增加了新的利润增长点。同时，工商部门的介入有效降低了银行放贷风险。因为在股权质押

期间，公司股权是被工商部门锁定的，无法进行转让。这会增加银行对该种融资方式的信心和积极性。尽管如此，作为一种融资方式，股权质押贷款仍存在一些风险，具体体现在如下三个方面。

1. 权益保全方面风险

因为非上市公司不实行重大事项公示制，公司不会对其实际经营情况和重大交易进行公开披露，容易产生信息不对称风险，提高了对银行系统风控能力的要求。此外，股权价值的波动性增加了转让股权时偿清债务的不确定性。虽然《担保法》规定股权价值不足以抵偿债务时，债务人有义务将不足部分进行赔偿。但在实际经验中，经常会因为债务人偿债能力过低无法对债权人进行补偿。如果债权人继续追债，经过一系列复杂程序和手续后，仍不一定有好的结果。

2. 股权价值评估风险

股权价值评估风险主要来源于两个方面，即股权评估标准的缺乏和股权价值的易变特性。首先，我国的股权评估标准体系并不完善。虽然目前已经出台了无形资产评估准则，但是缺乏系统和独立的股权评估标准，导致股权价值评估不准确。银行系统若以此为依据放贷，存在一定风险。其次，股权价值具有易变特性，它的内在价值可能随着企业的经营情况发生巨大波动。因此，以股权作为质押物给银行的风控部门带来更大的挑战。

3. 质押物处置风险

根据我国《商业银行法》规定，商业银行不允许从事投资活动，取得的质权在转让方面有一些限制。此外，在二级市场中股权转让制度还不完善，商业银行在处置质押股权时会受到一些限制导致其利益受损。除此之外，股权的受偿权次于企业债权。换句话说，以动产、不动产作为抵押的贷款在公司清盘时会优先进行偿付，而以股权为质押物的贷款位列其后，所以保障度较低。

为了降低上述提到的三大类风险，我们可以从两方面提高防范意识。一方面，股权质押贷款的顺利进行需要各方面的有效配合。银行系统要对融资环节的各个风控点进行有效控制，加强完善风险防范体系建设；政府机构应出台配套制度，以保障各方应有的利益；工商部门要做好规范股权出质登记和维护交易安全；产权交易机构提供股权信息监测和股权转让平台等。另一方面，加强对质押物的价值监控。由于股权价值的易波动特性，长期贷款的风险偏高，所以股权质押贷款期限应以短期为主。对于中长期贷款，应定期对股权质押物进行重新评估，确保价值的可靠性。银行系统的风控部门应设立专人监督企业的日常经营状况、财务状况、资产负债状况等，出现问题及时反馈、及时解决，以降低由此带来的风险。

三、股权质押经典案例：鄂信钻石（830925）

2014年8月1日，湖北鄂信钻石科技股份有限公司，简称鄂信钻石（830925），通过充足的准备公司股票正式在新三板挂牌。

1. 公司主要业务

公司主营业务为复合钻石工具、合成钻石材料、合金材料、模具材料等产品的研发、生产和销售。公司2012年和2013年主营业务收入分别为110846042.12元和123782905.40元，净利润分别为19115301.91元和19355319.13元。2012年和2013年公司出口业务收入占营业收入的比重分别达到40.94%和54.20%。公司产品主要出口至欧美、中东、东南亚等地区。

2. 公司主要产品及其用途

公司主要产品包括复合钻石工具、合成钻石材料、合金材料和石墨模具四大类，基本覆盖人造金刚石的上、中、下游产业，具体情况如下：

（1）复合钻石工具。公司生产的复合钻石工具主要包括复合金刚石刀头、复合金刚石锯片以及金刚石磨削抛光制品。金刚石磨削抛光制品主要包括各类磨块和金刚石软磨片，用于打磨和抛光大理石和花岗岩等。

复合金刚石刀头是将金刚石进行镀覆处理（如镀钛、镀镍等），并与单质金属粉混合后，通过冷压工艺把一个刀头变成多层复合结构（有金刚石层与无金刚石层，或金刚石层与铁片复合体），再通过热压工艺制造而成。复合金刚石刀头具有切割锋利，寿命长，成本低和节能的特点。复合金刚石刀头按形状和用途可分为圆锯刀头、排锯刀头、工程或石材钻头刀头，主要适用于切割、磨、钻各类花岗岩、大理石、瓷砖和混凝土。

复合金刚石锯片是将复合金刚石刀头经磨弧处理后，采用激光、高频焊接技术将其与基体牢固地焊接成一体制成的，具有切割速度快，切割效率高，上下不崩边等特点。复合金刚石锯片按齿型不同可分为连续型锯片、槽型锯片和涡轮护齿锯片等，适用于切割不同类型的材料。

金刚石磨削抛光制品主要包括各类磨块和复合金刚石磨片，用于打磨和抛光各类大理石和花岗岩，瓷砖，混凝土等。复合钻石工具被广泛应用于机械制造、建材加工、地质勘探和矿物开采等领域。其生产需要较高的技术水平，同时也具有广阔的应用前景以及不断增长的市场需求。复合钻石工具属于整条产业链中利润较高的一环。复合钻石工具用途广泛，产品之间差异化明显，有上千个品种。公司正积极向产业链下游即复合钻石工具领域发展，目前已具备近三十种复合钻石工具的生产技术和能力。

（2）合成钻石材料。公司生产的合成钻石材料主要包括生产金刚石的原料（纯化粉、粉体触媒柱）以及人工合成金刚石粉末两类。

（3）合金材料。公司生产的合金材料主要包括合金触媒粉和预合金粉。合金触媒粉是合成金刚石的催化剂，是将各类金属按一定比例混合，经高温熔炼、合金化、高压雾化、真空干燥而制得。合金触媒粉主要包括铁基和镍基材料两类。近几年中国人造金刚石行业发展名列世界前茅，主要是由于我国金刚石生产企业掌握了粉状触媒制造技术。

预合金粉是金刚石制品胎体主要的黏结剂，是铁、铜、钴、镍、铬、钛、锰等多种金属元素和磷等少量非金属元素通过熔炼、合金化、雾化、真空冷却、密封脱氧而制得的完全合金化的粉末。预合金粉粒度集中、分布均匀、混合性好，其力学性能可以根据烧结体的要求调整，与机械混合多种单质金属粉末相比优点明显，其黏结性好、把持力强、散热快、能防止金刚石颗粒过早脱落，并能承受和分散冲击过程中的载荷。预合金粉的生产设备、工艺和技术与合金触媒相似。

合金材料基于其合金化的特点，在人造金刚石行业特别是金刚石工具制造业及粉末冶金业的应用越来越广泛。大多数金刚石锯片、取芯钻头及其他天然石材和建材加工工具的制造商在产品制造过程中，均使用相当比例的合金材料以调整和控制金刚石工具的胎体性能，具有广阔的应用前景。

（4）石墨模具。公司生产的石墨模具以沥青焦为主要原材料，经过超细磨粉配料、混捏、等静压、石墨化等八道工序生产而成，具备"高纯、高密、高强"的物理性质。公司目前生产的石墨模具主要包括"高品级烧结模具专用石墨材料"和"超细粒度结构石墨材料"两种。

石墨模具主要用于限定生产对象的形状和尺寸，是制造复合金刚石刀头、磨片、锯片等制品的必备装置。石墨材料主要用于复合钻石工具烧结模具、精细模具、电火花放电加工用石墨模具等的制造。

3. 商业模式

公司属于工业产品生产企业，其经营模式与一般工业生产企业类似。公司自行采购原材料，自行完成复合钻石工具、合成钻石材料、合金材料、模具材料等产品的生产。部分专业生产部件或客户特殊定制要求的产品可能由公司委托外协单位加工。

公司依据《外协加工管理办法》规定，外协加工由采购部主导，生产管理中心及技术中心参与，首先对外协厂商进行调查并评价，填写《外协厂商调查表》，对合格的外协厂商录入"合格外协加工厂商清单"进行管理。

提出外协订单前，采购人员以确保品质交货期为前提，对加工产品需求日期及外协厂商资料进行询价，询价对象以3～5家为原则，填写比价表，经过采购部经理审核、厂长审批、总经理批准。再由采购部联络外协厂商处理，将外协厂商、外协费用及约定交货期转记于外协加工合同上，与外协厂商签订合同，以控制外协产品的交货期。

公司与外协厂商之间发生的业务往来或交易均在平等、自愿的基础上，按照公平、公允和等价有偿的原则进行，交易价格将按照市场公允的合理价格确定。

4. 公司披露的相关信息

（1）股权质押概述。公司股东何南兵、周文枝质押24964000.00股，占公司总股本57.65%。在本次质押的股份中，24964000.00股为有限售条件股份，0.00股为无限售条件股份。质押期限为2014年9月15日起至2015年9月14日止。质押股份用于为公司向中国光大银行股份有限公司武汉分行贷款提供担保，质押权人为中国光大银行股份有限公司武汉分行，质押权人与质押股东不存在关联关系。质押股份已在中国结算办理质押登记。贷款金额为1500万元，不存在其他资产抵押或质押等情况。

（2）股权质押所涉股东情况。

股权质押所涉股东一：

股东姓名（名称）：何南兵

是否为控股股东：是

公司任职（如有）：董事长

所持股份总数及占比：23664000股，54.65%

股份限售情况：23664000股

累计质押股数及占比（包括本次）：23664000股，54.65%

曾经股权质押情况（如适用）：9479000股

股权质押所涉股东二：

股东姓名（名称）：周文枝

是否为控股股东：是

公司任职（如有）：监事

所持股份总数及占比：1300000股，3%

股份限售情况：1300000股

累计质押股数及占比（包括本次）：1300000股，3%

曾经股权质押情况（如适用）：521000股

鄂信钻石是鄂州人造金刚石产业集群的龙头企业，近三年来，严格按照准上市公司要求运营，通过引进战略合作伙伴实现股权融资，解决了发展资金的瓶颈。每年固定资产和技术改造投资达到2000万元以上，企业生产规模和产能得到了大幅提升。2013年实现销售收入1.23亿元，上缴税收1100万元，实现净利润1900万元。

四、股权质押经典案例：中讯四方（430075）

2014年6月16日中国工商银行发布消息，声称近期将在全国中小企业股份转让系统（简称"新三板"）挂牌的中小微企业创新推出股权质押贷款业务。至此，新三板的上市企业可以用股权作质押从银行获取贷款，为小微企业获得资金打开了一个全新的局面。

北京中讯四方科技股份有限公司，简称中讯四方（430075）。公司成立于2005年9月23日，致力于微电子器件、微波组件、通信系统集成等相关产品的研发和生产，是一家具有自主研发能力的国家高新技术企业。2010年11月18日这家公司成功登陆中关村科技园区非上市股份有限公司股份报价系统，成为后来新三板挂牌的第75家企业。

根据北京中讯四方科技股份有限公司2013年6月7日召开的第一届第二十三次董事会决议，公司将向杭州银行北京中关村支行申请一年期1000万元人民币授信贷款，该贷款以董启明董事长及张敬钧总经理分别持有的3499693股和3499693股公司股份为质押担保。

董启明先生持有的，公司2624770股有限售条件股份和874923股无限售条件股份，及张敬钧先生持有的公司2624770股有限售条件股份和874923股无限售条件股份，已在中国证券登记结算有限责任公司深圳分公司办理了股权质押续，并取得了《证券质押登记证明》。截至本公告日，董启明先生持有公司股份3499693股，占公司总股本13.46%，累计质押公司股份3499693股，占公司总股本13.46%；张敬钧先生持有公司股份3499693股，占公司总股本13.46%，累计质押公司股份3499693股，占公司总股本13.46%。

除此之外，2014年6月16日前后，公司以新三板股权质押贷款的形式获得了工行北京分行的200万元贷款，很大程度上解决了资金问题，为企业的发展壮大提供保障。新三板股权质押贷款的创新主要在担保方式上。对于非上市企业来说，银行很难对企业的股权进行估值，而当企业在新三板挂牌后，其股权就具有了交易价值，因此将股权作为担保方式，可以让一些重研发轻资产的小微企业享受到银行融资服务的便利。就风险控制方面而言，工行一方面参考新三板挂牌企业股权的交易价值，另一方面也会综合考察企业的经营情况、现金流以及未来的发展潜力。

五、股权质押经典案例：优炫软件（430208）

北京优炫软件股份有限公司，简称优炫软件（430208），于2013年1月29日在代办股份转让系统挂牌。主营业务为信息安全软件产品的研发、生产、销售及提供技术服务，同时也为有需求的客户代理采购第三方生产的软硬件产品。公司主要服务于政府、金融、教育等领域的用户，向其提供操作系统安全增强产品。

近日，优炫软件发布股权质押公告称：公司董事长及董事近日质押股份19320000股，占公司总股本45.46%。这次的质押股份全部为有限售条件股，质押期限从2014年6月6日起至2015年6月6日止。质押股份用于银行贷款，目的是为了补充公司的流动资金。质押权人为北京银行股份有限公司中关村海淀园支行，质押权人与质押股东不存在关联关系。质押股份已经在中国证券结算办理质押登记。本次质押不会对公司生产经营产生负面影响，不会导致公司控股股东或者实际控制人发生变化。

办理本次质押的股东是公司的控股股东梁继良以及股东陈菊梅，两人分别持有公司股份数16387500股、7762500股，占公司总股本比例分别为38.56%、18.26%。本次质押股数是19320000股，质押股数占公司总股本比例为45.46%，质押股份全部都为有限售条件股。目前梁继良任公司董事长及总经理，陈菊梅任公司董事。

此外，一直作为协议转让个股的优炫软件近期更是受到投资者的热捧。2014年12月5日上午，在新三板市场赚钱效应仍旧疲弱的情况下，优炫软件的涨幅仍然超过了10%，具体涨幅为59.48%，而其余绝大多数股票半日涨幅不超过2%。

优炫软件将新三板的融资功能发挥得淋漓尽致，是成功融资的典型代表。

第六节
私募债

解决中小企业融资难这一问题需要多管齐下，为中小企业提供尽可能多的融资方式供其选择，中小企业私募债便是其中之一。上交所和深交所于2012年6月份正式试行了中小企业私募债，自2012年下半年起，多家新三板挂牌公司就陆续披露过中小企业私募债融资方案，其中有7家公司真正实施这种融资方案，分别是九恒星、联飞翔、中航新材、鸿仪四方、金硕信息、中海阳和华索科技，但这些公司融资规模相差很多，多至上亿，少则几千万。2014年至今，共有9家新三板挂牌公司披露了中小企业私募债融资方案，其中融资规模最大的是公准股份，金额为4亿元；最小的为金硕信息和柳爱科技，金额均为2000万元。这9家公司融资总额合计为近10亿元。

一、私募债概述

债券是一种有价证券，是社会各类经济主体为筹措资金而向债券投资者出具的，并且承诺按一定利率定期支付利息和到期偿还本金的债权债务凭证。由于债券的利息通常是事先确定的，所以，债券又被称为固定利息证券。

很长时期以来，我国中小微企业普遍面临着融资难、融资成本高等问题，尤其是2011年以来的信贷紧缩使大量中小微企业不得不通过民间借贷方式筹集资金。2011年10月召开的国务院常务会议提出了拓宽小型、微型企业融资渠道的要求，探索创新适合中小微企业特点的融资工具，在这样的背景下中小企业私募债应运而生。

中小企业私募债是针对中小微企业非公开发行的公司债券。中小企业私募债作为创新型产品，由定向发行方式渐进推动，既可以将风险控制在较小范围内，避免引起市场波动，也便于投资者对各类产品灵活配置，提高风险管理能力及盈利水平，具有信息披露要求低、注册程序便捷等特点。

一般而言，中小微企业经营业绩波动相对较大，可用于抵押的资产较少，其发行债券信用等级可能会较低，支付的利息成本较高，符合高收益债券的特征。但如果发债的中小微企业财务状况良好，或是采用了担保、抵押等信用增级手段，其债券的信用等级未必很低，相应的利息水平也未必很高。由于是非公开发行，所以该品种属于私募债发行，不设行政许可。虽然债券有不同种类，但都具有相同的四个基本要素，即债券价格、面值、还本期限与方式和债券利率。

1. 债券的基本要素

（1）债券面值。债券面值主要由币种和票面金额两部分组成。发行者可根据自身需要和债券的种类来选择是使用本国货币还是外币，债券发行者也可参考资金市场的情况来做出选择。债券的票面金额是债券到期时偿还债务的金额。不同债券的票面金额大小相差悬殊，但现在考虑到买卖和投资的方便，多趋向于发行小面额债券。面额印在债券上，固定不变，到期必须足额偿还。

（2）债券价格。债券价格是指债券发行时的价格。通常来说，债券的面值等同于其价格。但债券发行方在发行债券时要综合考虑各方面的因素，如资金市场中供求变化、利息率变化等，这就导致债券发行或溢价，或折价，或平价。换句话说，债券的市场价格往往并不等同于其面值，有时高于面值，有时低于面值。债券的面值是固定的，但它的价格却是经常变化的。发行者计息还本，是以债券的面值为依据，而不是以其价格为依据的。

（3）债券利率。债券利率是债券利息与债券面值的比率。债券利率分为固定利率和浮动利率两种。债券利率一般为年利率，面值与利率相乘可得出年利息。债券利率直接关系到债券的收益。影响债券利率的因素主要有银行利率水平、发行者的资信状况、债券的偿还期限和资金市场的供求情况等。

（4）债券还本期限与方式。债券还本期限是指从债券发行到归还本金之间的时间。债券还本期限长短不一，有的只有几个月，有的长达十几年。还本期限应在债券票面上注明。债券发行者必须在债券到期日偿还本金。债券还本期限的长短，主要取决于发行者对资金需求的时限、未来市场利率的变化趋势和证券交易市场的发达程度等因素。债券还本方式是指一次还本还是分期还本等，还本方式也应在债券票面上注明。

（5）债券除了具备上述四个基本要素之外，还应包括发行单位的名称和地址、发行日期和编号、发行单位印记及法人代表的签章、审批机关批准发行的文号和日期、是否记名、记名债券的挂失办法和受理机构、是否可转让以及发行者认为应说明的其他事项。

2. 公募债与私募债区别

就债券的发行方式而言，可分为公募债券和私募债券。公募债券对投资者本身和数量没有特定要求，并且能够在证券市场上转让。与之相比，私募债券仅向特定少数的投资者发售，一般面向机构投资者，例如：银行、保险公司、信托公司和各种基金公司等。它的发行手续简单，它一般不能在公开市场上转让。

3. 私募发行的四大优势

由于私募债券是向特定少数的投资者发行，又被称为非公开发行债券。发行对象一般是机构投资者或者投资经验较为丰富有一定风险承受能力的个人投资者。在我国，私募债的投资者数量应少于200人，且不得通过广告、电视等公开方式进行宣传。在发行注册、信息披露、转售等环节私募发行还需符合特定要求。

发行私募债主要有以下四个方面优点：第一，发行成本和费用相对较低。可能会低于银行贷款，没有利息成本。第二，有限的信息披露。私募债发行仅针对少数特定投资者，双方签订保密协议，保证公司信息私密性。第三，手续简化，融资效率高。发行方在注册程序完成后，无须等待监管机关审核批准，即可进行快速而高效的融资。第四，融资条款更加灵活和个性化。能够根据发行方对融资的期限、利率、再融资和回购等方面的需求对私募债进行个性化设计。

4. 私募债缺点

私募债存在一些缺点。首先，私募债对投资者的要求很高。在我国，合格投资者为注册资本金在1000万元以上或者经过审计的净资产在2000万元以上的法人或投资组织。其次，由于私募债的设计偏向于个性化而非标准化，使得其流动性较低，只能通过协议的方式在投资者之间转让。

5. 中小企业私募债券登记和结算办理的程序

中小企业私募债券由中国证券登记结算公司办理集中登记，并提供相应的结算服务。结算公司为此制定了《中小企业私募债券试点登记结算业务实施细则》，后续结算将结合私募债券的特点与市场需求，提供逐笔全额、纯券过户等灵活的结算安排，并可提供代收代付等服务。

二、私募债风险管理及发行意义

1. 私募债的风险管理

伴随着中小企业私募债的快速发展，其中蕴含的风险也日益显露，对相关风险进行管理显得尤为迫切。

第一，对中小企业私募债的风险认识不足。证券公司开展中小企业私募债业务时往往看重其较高的收益而忽视其中风险，对风险认识不足。在实际操作中，仍采取以往发行公募债券时的措施，风险意识比较薄弱。

第二，证券公司准入门槛比较低，蕴含较大的经营性风险。所以，券商在前期要谨慎开展尽调工作，对企业有充分了解，以增强处理突发事件的能力。

第三，风险隔离、分散和转移机制还不健全。当前我国债券市场发展还存在很多不足，资产证券化和信托制度的发展都还处于探索阶段，市场中缺乏有效的风险对冲机制和丰富的金融衍生品来缓释转移风险。

第四，市场参与各方在面对债券违约时缺乏经验。我国市场中发行的主要是公募债券，公募债券信用评级相对较高，违约的情况很少出现，这就使得投资者和承销商在面对私募债违约发生时往往不知所措。与此同时，相关的法律法规也不健全，私募债违约处置如何与其他相关法律衔接，也还不甚明朗。

第五，信息披露还存在许多不完善的地方。相关制度对中小企业在发行私募债时所要披露的信息深度和广度没有严格要求，导致信息披露较为笼统，并没有准确揭露所蕴含的风险。实际操作中，承销商为了尽快推出产品，在前期尽职调查中往往流于表面，而监管层未参与到尽职调查的监督之中，这就使得中小企业私募债在信息披露方面存在许多问题。

中小企业私募债的风险主要包括信用风险、流动性风险、市场风险、道德风险等，控制中小企业私募债的风险要多方共同参与。

（1）强化参与各方风险意识。监管层不应只关注私募债发行的数量和规模，加强对投资者和承销商的风险教育也很重要。

（2）监管层加强监管力度。证券公司在中小企业私募债的发行中居核心地位，从选择发债企业到债券的承销、投资、流转等，证券公司全程参与，在各个环节都处于主导地位，要加大检查、监督、惩罚力度。

（3）加快配套制度的创新，提升中小企业私募债风险管理水平。稳步推进资产证券化等金融衍生品发展，允许有条件的机构设计发行资产池中含有私募债的结构化产品，在严格规范的基础上鼓励主承销商或其他合适机构根据需要发行相应的风险转移工具比如信用违约掉期（CDS，Credit Default Swap）

或风险缓释工具（CRM，Credit Risk Mitigation），这就为投资者提供了转移私募债风险的很好方式。与此同时，与传统债券相比，中小企业私募债存在较高的信用风险。中小企业私募债的推出有助于完善我国债券市场，之前债券市场占主导的是公募债，私募债的推出有助于缓解中小企业融资难这一困境，推进多层次资本市场建设。而中小企业私募债在实践中能否发挥预想中的效果，依赖于相关制度的完善和投资者的参与热情。

2. 投资中小企业私募债注意事项

中小企业私募债的出现，有利于丰富我国金融产品种类，为投资者提供多样化的选择。由于私募债具有高票面利息特征，这会降低市场价格风险和违约风险，特别是在经济大环境不利的情况下会有良好表现。和发达国家的资本市场相比，我国的资本市场体制还不够完善和成熟，国内市场缺乏相关分析数据，而国外市场数据又无法直接照搬，这无疑增加了债券风险。投资者在投资该类债券时，应注意以下几点：

（1）关注企业所处行业的情况。若企业所处行业正处于衰退期或是转型期，企业自身或多或少也会受到影响，应当谨慎选择。而如果企业所处行业具有较强的周期性或是易受政策影响，则企业在经营中就存在诸多不稳定因素。与此同时，如果行业门槛较低，行业竞争激烈，会给企业带来巨大竞争压力，增大经营风险。

（2）关注企业自身情况。中小企业往往财务制度不健全，财务信息真实度较差。投资者要注意回避财务制度不健全或财务信息有瑕疵的发债主体，对企业财务信息要认真分析判断，重点关注那些在各自细分行业内处于领先地位或是正处于股票上市进程的企业。审慎考量担保方实力，注重主体违约后的回收率。

（3）建立完善的投资者保护机制。监管机构、承销商和投资者应共同努力，构建投资者保护体系，当债券发行主体违约时可以减小投资损失，可以通过订立强制性的契约和条款（如要求发债主体遵守严格的偿债比率、执行保守的投资策略，以及禁止资产划转和过多的关联交易等行为）来保障投资者权益。

（4）监管机构制定相应法律法规和操作流程。中小企业私募债在我国出现的时间还不长，在实践中还缺乏实务处置经验。若违约事件发生，后续的债务重组、破产清偿等都没有法律和流程参照，这就要求监管机构要制定相应法规和流程，使得债券违约后债权人权益能得到应有的保障。

3. 私募债发行的意义

私募债的发行具有重要的意义。第一，在以公募债为主导的我国债券市场中，私募债的出现无疑丰富了金融产品的种类，能够满足不同投资者和融资者的需求。第二，有利于降低银行系统的风险，优化其金融资产配置结构。第三，对我国构建多层次资本市场起到了推动作用。第四，有利于维护宏观经济的持续性和稳定性。

三、私募债经典案例：百慕新材（430056）

中航工业航材院控股的百慕新材公司，简称百慕新材（430056），是一家从事特种功能涂料研发生产的高新技术企业，于2009年登陆录三板，成为中航工业唯一一家在新三板挂牌的企业。百慕新材通过参与资本运作，提升了企业知名度，规范了企业管理行为，并通过股权激励模式提升了骨干员工的创业积极性。2011年百慕新材与集团内的两家上市公司签订了定向增发协议，不断尝试新的融资方式，探索推动企业快速发展的新模式。

随后，新三板市场推出中小企业私募债，作为首批获得上海证券交易所批准的中小企业私募债券备案的企业，百慕新材获得媒体和投资人的普遍关注。2014年6月12日，备案仅仅两天，利率为8.5%的2000万元的额度就被7家基金和机构抢购一空。

1. 本期债券概览

债券名称：中航百慕新材料技术工程股份有限公司2012年中小企业私募债券

债券简称及代码：12百慕债（代码：125001）

发行主体：中航百慕新材料技术工程股份有限公司

发行总额：人民币2000万元

债券期限：本期债券的期限为18个月

债券形式：本期债券以非公开方式发行

债券利率：本期债券的票面利率为8.5%

2. 本期债券本次还本付息情况

本次私募债券归还本金：人民币2000万元

本次付息计息期限：2013年6月11日至2013年12月10日

利率：本期债券的票面利率为8.5%

债券登记日：2013年12月6日。本期债券存续期间，从债券起息日起每半年的最后一个工作日之前的第一个工作日为上一个计息期限的债权登记日。（如遇法定假日或休息日，则顺延至其后的第一个交易日；顺延期间付息款项不另计利息。）

债券还本付息日：2013年12月13日。本期债券存续期间，从债券起息日起每半年的最后一个工作日。（如遇法定假日或休息日，则顺延至其后的第一个交易日；顺延期间付息款项不另计利息。）

还本付息方式：本期债券采用单利按年计息，不计复利。每半年付息一次，到期一次还本，最后一期利息随本金的兑付一起支付。

3. 还本付息办法

本公司已与中国证券登记结算有限责任公司上海分公司（以下简称中证登上海分公司）签订了《委托代理债券兑付、兑息协议》，委托中证登上海分公司进行债券兑付、兑息。如本公司未按时足额将债券兑付、兑息资金划入中证登上海分公司指定的银行账户，则中证登上海分公司将根据协议终止委托代理债券兑付、兑息服务，后续兑付、兑息工作由本公司自行负责办理，相关实施事宜以本公司的公告为准。公司将在本年度付息日两个交易日前将本年度债券的利息足额划付至中证登上海分公司指定的银行账户。

中证登上海分公司在收到款项后，通过资金结算系统将债券利息划付给相应的兑付机构（证券公司或中证登上海分公司认可的其他机构），投资者于兑付机构领取债券利息。

4. 关于缴纳公司债券利息所得税的说明

根据《中华人民共和国个人所得税法》等相关规定，本期债券个人投资者应缴纳公司债券个人利息收入所得税，征税税率为利息额的20%，每手"12百慕债"（面值1000元）实际派发利息为人民币34.00元（税后）。按照《国家税务总局关于加强企业债券利息个人所得税代扣代缴工作的通知》（国税函〔2003〕612号）规定，本期债券利息个人所得税统一由各付息网点在向持有"12百慕债"的个人（包括证券投资基金）支付利息时负责代扣代缴。如各付息网点未履行上述债券利息个人所得税的代扣代缴义务，由此产生的法律责任由各付息网点自行承担。

根据《中华人民共和国企业所得税法》等相关规定，对于持有"12百慕债"的居民企业股东，其债券利息所得税自行缴纳，每手"12百慕债"（面值1000元）实际派发利息为人民币42.50元（含税）。

对于境外合格机构投资者（QFII，Qualified Foreign Institutional Investors），根据国家税务总局《关于中国居民企业向QFII支付股息、红利、利息代扣代缴企业所得税有关问题的通知》（国税函〔2009〕47号）《非居民企业所得税源泉扣缴管理暂行办法》（国税发〔2009〕3号）等规定，QFII取得的本期债券利息应缴纳10%的企业所得税，并由本公司代扣代缴。

5. 相关机构

（1）发行人：中航百慕新材料技术工程股份有限公司

地址：北京市海淀区温泉镇环山村

联系人：余罗

电话：010-62497081

传真：010-62497080

邮政编码：100095

（2）保荐人（主承销商）：中信建投证券股份有限公司

地址：北京市东城区朝内大街188号

联系人：弓力

电话：010-85156408

传真：010-85130645

邮政编码：100010

（3）托管人：中信建投证券股份有限公司

地址：北京市东城区朝内大街188号

联系人：弓力

电话：010-85156408

邮政编码：100010

百慕新材自身信用水平比较高，其发行的利率水平较低，鉴于此，相关政府机构还给予了一定额度的补贴，进一步降低了发行成本。相信私募债这种融资方式能够促进更多中小企业的发展。

四、私募债经典案例：九恒星（430051）

北京九恒星科技股份有限公司，简称九恒星（430051），主营业务是企业资金管理软件的开发、销售及提供售后服务。根据公司2013年年报披露，公司已为200多家集团企业、金融服务企业、公共服务企业提供了智能资金平台，且服务客户很多是年营业收入50亿元以上的中大型集团。2013年和2012年，九恒星营收规模已过亿，净利规模在3000万左右。

作为国内目前市场份额最大的资金管理系统供应商，新三板做市企业九恒星已拥有200多家大型集团企业客户，随着余额宝等互联网金融产品的兴起，公司也嗅到其中商机。从2014年下半年开始，九恒星互联网金融业务屡获突破，从结盟天弘基金到探索境外资金管理，如今公司披露年内第二次融资，募集资金将再次布局互联网金融业务，这一步一步彰显了其在互联网金融领域的雄心。

九恒星在资本市场的浪潮中勇敢向前，不仅两度定向增发，抓住互联网金融市场良好的发展机遇，募集到足够的资金用于新产品开发及补充流动资金。还于2012年6月11日积极发行总额为人民币1000万元、期限为18个月、票面利率为8.5%的私募债，债券简称：12九恒星，代码：118009。从此，九恒星抓住了资本市场的又一次机遇。

北京九恒星科技股份有限公司作为中关村高科技企业，按审批流程非公开发行了面值不超过1000万元人民币的中小企业私募债券，并于2012年6月18日起在深圳证券交易所综合协议交易平台进行转让。依托这次发债，九恒星引进了新的资金，为公司的后续发展提供了强劲的活力。

九恒星公司认为，"九恒星发行的私募债票面利率为8.5%，比银行同期贷款利率（不含银行贷款的上浮利率）高出不到两个百分点，发行中小企业私募债与银行贷款相比其特点是发行速度与企业拿到资金的速度均较快，且募集资金用途没有限制。因此中小企业私募债应该是拓宽了中小微企业的融资渠道。"

在政府及地方相关部门的推动下，中小企业私募债帮助了中小微企业拓宽融资渠道，助推了九恒星为代表的高新企业转型发展升级，实现了诸多社会经济效应。

2011年末至2012年初的一段时间里，各地银行信贷规模严重收紧，中小微企业融资困难重重。通过发行中小企业私募债，有助于解决中小微企业融资难、综合融资成本高的问题，可解决部分中小微企业银行贷款短贷长用、使用期限不匹配的问题。增加了直接融资渠道，有助于在经济形势和自身情况未明时保持债务融资资金的稳定性。

中小企业私募债在发行审核上率先实施"备案"制度，从接受材料至获取备案同意书的时间周期在10个工作日内。私募债规模占净资产的比例未做限制，筹资规模可按企业需要自主决定。对于众多急需资金饥渴的中小微企业来说，快捷的审批程序能及时解决它们的燃眉之急，降低企业财务成本。

中小企业私募债没有对募集资金进行严格约定，资金使用的监管较为宽泛，发行人可根据自身业务需要设定合理的募集资金用途。允许中小微企业私募债的募集资金全额用于偿还贷款、补充营运资金。若公司需要，也可用于募投项目投资、股权收购等方面。

第四章
新三板转板及展望

第一节
新三板转板

我国目前新三板市场转板制度并不完善，但由于中小企业融资的刚性需求和政策利好消息不断，以及国内整体经济环境的不断升温，新三板挂牌企业日后转板会进展得更加顺利和高效。本节主要讨论了转板制度的必要性，并列举了八家中关村新三板公司的成功转板案例，意在说明这八家中关村新三板公司的成功转板为新三板转板制度的出台带来希望。

一、建立转板制度是大势所趋

随着今年新三板挂牌企业数量的急剧攀升，企业日后转板问题受到各方的关注。证券监管层和新三板管理机构也将转板制度看作推动新三板市场蓬勃发展的强力助推剂。很多企业更是将能够转板作为在新三板挂牌的一个重要动力，但从目前我国的市场环境和现行政策来看，完美地解决转板问题仍有一段路要走。

1. 转板制度的必要性

从早些时候连续数月的IPO暂停到今年震惊国内外的A股股灾，我国股市一度陷入低迷状态。虽然目前IPO已重新启动，但仍然无法满足大量企业排队等待上市的需求。在这种背景下，监管层鼓励部分企业转战新三板挂牌以减少上市等待带来的风险和成本。许多企业也看到了这一新选择的优势，纷纷到新三板来挂牌。这就使得一些已经在新三板挂牌的优质企业希望未来能够转板的需求显得更加迫切。

我国对企业在主板、中小板和创业板公开发行上市实行核准制，而企业在新三板挂牌上市的一个必要条件是证监会核准其可以公开转让。目前，公司得到证监会对其公开转让的核准等同于证监会核准其可以公开发行。也就是说，如果企业不公开发行新股，从新三板转板到创业板等板块进行上市无须再经过证监会核准。这无疑缩短了直接在该板块上市的等候时间，并取消了核准障碍。

得到证监会公开转让的核准是企业能够转板的重要因素，除此之外，还有哪些因素会制约企业成功转板呢？

首先，在新三板挂牌上市的企业想要转板须达到在创业板、中小板或主板等市场的上市条件。由于我国目前采用的是发行和上市分离的制度，也就是说在得到证监会公开转让的核准后，还要经过证券交易所同意其上市。按照沪深交易所出台的最新上市规定，主板上市需要股本在5000万元以上，公开发行的股份达到公司股份总数的25%（股本超过4亿元的，这一比例是10%）；创业板则要求股本总额不少于3000万元，公司股东不少于200人。

第二，新三板市场制度更加成熟和完善。由于目前新三板市场尚处于初期发展阶段，关于市场运作的相关规定还不成熟，包括信息披露原则、交易规则、监管机制等。还有，在转板过程中涉及风险的把控，例如监管套利问题，也没有相关规定出台。因此，如果现在急于从新三板转板到其他板上市，时机还不成熟。

第三，有待于《证券法》相关细则的完善和证券发行制度的进一步改革。至于转板的程序、要求等一系列标准，需要市场出台一套合理的运作机制和相关制度。一方面，要对《证券法》相关条款进行修正和调整，现行《证券法》有关市场体系的规定主要针对沪深交易所市场，对我国多层次资本市场的其他组成部分涉及较少。缺乏对多层次资本市场的整体体系设计以及不同层次资本市场之间转板的要求。另一方面，还应对《证券法》中有关股票发行核准制的规定以及配套的发行、审核制度进行调整。在未来，能够实行更加灵活的核准制或逐步转向为注册制。

综上所述，从新三板转到其他板上市将会是未来的发展方向，但目前各项配套设施、制度、规定的顶层设计抑或具体细节尚不完善，从新三板直接转板在短期内可能性不大。

2. 新三板转板现状

自2006年1月23日中关村科技园区非上市股份有限公司股份报价系统成立以来，以粤传媒为代表的八家公司均在该系统挂牌。2013年3月新三板市场的正式成立，与在2014年1月24日全国股份转让系统首批全国企业集体挂牌的性质不同，之前在中关村股份报价系统挂牌的公司就自然而然地成为新三板的第一批挂牌公司。截至2014年2月底，相继有八家中关村新三板挂牌公司成功转板至主板或创业板，包括粤传媒、久其软件、北陆药业、世纪瑞尔、佳讯飞鸿、华宇软件、博晖创新、东土科技，但这八家公司走的都是常规IPO路径，而非真正意义上的转板。因此，我们这里形象地把它们称为"中关村新三板"挂牌公司。

在2014年，全国中小企业股份转让系统发展迅速，特别是在做市商制度出台后，新三板转板问题也受到了证券监管层及各界的高度重视。根据证监会发布的《关于支持深圳资本市场改革创新的若干意见》，将在创业板设立专门的层次，允许符合一定条件但尚未盈利的科技创新和互联网企业在新三板挂牌满12个月后到创业板发行上市。

证监会3月21日发布的《首次公开发行股票并在创业板上市管理办法（征求意见稿）》拟将创业板上市公司的盈利条件改成"最近两年连续盈利，最近两年净利润累计不少于1000万元；或者最近一年盈利，最近一年营业收入不少于5000万元。"尽管征求意见稿取消了此前盈利条件之二的"最近一年净利润不少于500万元，营业收入增长率不低于30%"两项指标，但仍然保留了盈利要求。如果创业板上市条件中取消了对营业利润的限制，又形成了良好的与新三板对接的通道，将极大推动新三板市场的发展，吸引更多中小企业到新三板挂牌。

针对转板问题，虽然证券管理层已经有一段时间的讨论，但相关细则迟迟没有出台。在新三板挂牌的企业想要转板仍需通过IPO的途径。

截至2014年2月底，新三板挂牌企业完成IPO的有八家，久其软件在中小板上市，北陆药业、紫光华宇、东土科技、世纪瑞尔、佳讯飞鸿、博晖创新、安控科技等七家企业在创业板上市。上述八家企业不能称之为严格意义上的转板，因为与其他IPO企业一样，均是常规IPO路径。而且转板也不应是企业的唯一选择。

新三板作为中国多层次资本市场的一个层级，挂牌门槛较低，为一大批传统和高新技术的中小企业提供了提前进入资本市场的机会。有利于企业在财务管理、日常运营等方面进行合法合规梳理，使得其管理更加专业化。在未来，随着新三板市场日益成熟，各项制度的完善和出台，新三板市场必将和创业板等市场形成对接，实现市场的转板功能。

二、中关村经典转板案例

据统计，上文提到的截至2014年2月底八家从新三板成功转板至主板或创业板的挂牌公司，包括粤传媒、久其软件、北陆药业、世纪瑞尔、佳讯飞鸿、华宇软件、博晖创新、东土科技，它们通过IPO合计募集资金44.17亿元。现将对各个转板公司的公司简称、股票代码、主营业务、新三板挂牌时间、上市板块及时间等进行全面的整理，如表4-1所示。

表4-1　中关村新三板企业经典转板企业统计表

公司简称	股票代码	主营业务	新三板挂牌时间	上市板块	上市时间	发行价格/元	实际募集资金/亿元
粤传媒	002181	传媒出版	2001	中小板	2007-11-16	7.49	5.24
久其软件	002279	财务软件	2006	中小板	2009-08-11	27	4.13
北陆药业	300016	对比剂	2006.8	创业板	2009-10-30	17.86	3.04
世纪瑞尔	300150	铁路监控设备	2006.1	创业板	2010-12-13	32.99	11
佳讯飞鸿	300213	通信设备	2007.1	创业板	2011-05-05	22	4.62
华宇软件	300271	软件与信息服务	2006.8	创业板	2011-10-26	30.8	5.15
博晖创新	300318	医疗器械	2007.2	创业板	2012-05-23	15	3.84
东土科技	300353	工业以太网交换机	2009.2	创业板	2012-09-27	20.75	2.37

（上表摘自《前瞻网》）

1. 首家转板中小板的三板公司：粤传媒

广州日报传媒股份有限公司，简称粤传媒（002181），在2012年8月由"广东九州阳光传媒股份有限公司"更名而来。粤传媒于2007年11月16日在中小板挂牌，是最早从"中关村新三板"成功转板至"中小板"的公司，它不仅开启了新三板转板的先河，也是中小板上第一只传媒股、广东省第一家媒体上市公司。而在成为第一家新三板转中小板的公司之前，粤传媒已经在代办股份转让系统（即"旧三板"）挂牌6年，其前身是曾在原NET系统上市流通的清远建北。2001年开始在代办转让系统进行股份转让，其停牌前挂牌转让价格为20.9元。2007年在中小板IPO时，发行价格为7.49元，实际募集资金5.24亿元。

粤传媒被外界所广泛熟知，一方面是"中关村新三板"首家转板的身份，另一方面是中国报业第一股的身份。长期以来，虽然中国的传媒业一直有着上市的冲动，但出于种种考虑，上市过程停滞不前，粤传媒带领中国传媒业的体制改革进入了一个新阶段。随后，华闻传媒、浙报传媒、新华传媒等报业巨头相继现身A股，直至如今，传媒类企业的上市热潮也丝毫不减。资本运作被传媒企业视为战略发展的必要手段，而中国传媒业也由于资本的广泛介入而进入全新的发展阶段，实现了产业与资本的有效融合。

2. 三次闯关中小板：久其软件

北京久其软件股份有限公司，简称久其软件（002279），于2006年9月在"中关村新三板"系统挂牌，主要从事财务决算、统计及决策分析，财务业务一体化管理等相关系统及平台的研究和开发，以提供报表管理软件、商业智能软件、ERP软件等管理软件产品及其服务为主营业务。

这家曾以22.5%中国管理软件市场占有率名列行业第一的公司，资本征程却一波三折。资料显示，久其软件于2001年11月30日完成股份制改造，2006年完成"中关村新三板"挂牌，2007年7月31日第一次递交IPO申请，因"没有募集资金的紧迫性"而被否决；2008年7月30日第二次IPO成功通过审核，但始终未能与批文谋面；2009年8月11日第三次冲击IPO，久其软件终于正式登陆中小板，成为继粤传媒之后第二家从"中关村新三板"成功转板至"中小板"的公司，发行价格27元，实际募资4.13亿元。而在上市之前的"中关村新三板"市场，久其软件的成交价最高只有15元，意味着公司上百名股东一夜之间全部成为百万富翁。

3. 首家转板创业板的三板公司：北陆药业

北京北陆药业股份有限公司，简称北陆药业（300016），是首家由"中关村新三板"公司成功"转型"为创业板的公司，发行价格17.86元，实际募资资金总额为3.04亿元，用于对比剂生产线技术改造与营销网络建设、九味镇心颗粒生产线扩建改造与营销网络建设等项目。此外，公司长期专注于对比剂系列产品的研发、生产和销售，是我国对比剂行业的市场领先者，具有核心竞争优势，在我国放射界及相关领域拥有较高知名度和市场影响力。

2009年10月30日，北陆药业作为首批28家创业板企业成功上市，并且是首家由"中关村新三板"成功转型为"创业板"的公司。业内认为，北陆药业挂牌"中关村新三板"获得了推动企业发展的宝贵资金，而此后一直按照要求规范运作，不断完善公司治理、严格履行信息披露义务，为其登陆创业板提前练兵做好了铺垫。

2013年7月20日，公司收盘价为8.08元，较开盘首日的29元下降72%。尽管如此，北陆药业上市后的业绩表现一直都不错，2012年度，公司营业收入为2.74亿元，比上年同期的1.97亿元增长39.29%；利润总额7531.17万元，比上年同期增长40.51%；实现归属于上市公司股东的净利润6303.87万元，比上年同期增长42.58%。

公司所处对比剂市场，三年期财报的销售额年复合增长率达18.32%，增长势头强劲。预计到2015年，全国市场的销售额将达到78亿元，年复合增长率仍将保持在18.92%。而北陆药业的对比剂产品钆喷酸葡胺注射液三年期财报的市场占有率始终保持在40%以上，排名第一。

IPO咨询机构前瞻投资顾问（专为企业提供上市前细分市场研究和募投项目可行性研究）认为，生物医药是目前国家鼓励和扶持的产业，而北陆药业主营的对比剂产品，虽然过去几年发展迅速，但目前中国的对比剂市场还远未饱和。专业资料显示，对比剂的使用可以提高对病灶尤其是小病灶的检出率、可提高对病灶的定性能力、提高诊断精度、提高肿瘤分期的准确性、为鉴别诊断提供依据，对于血管性病变的诊断和显示、动态增强扫描更是必不可少的。随着人们的健康意识不断提高，医疗和体检市场前景可期，北陆药业未来的成长空间越来越大。

北陆药业将对比剂这一个产品做到了极致，是精耕细作的成功代表，同时也是"国内对比剂应用领域品种最多、最全"的专业企业之一，随着市场龙头地位的不断巩固，公司开发其他附属产品线也打下了坚实的基础。

4. 舞剑新三板，意在创业板：佳讯飞鸿

北京佳讯飞鸿电气股份有限公司，简称佳讯飞鸿（300213），是一家专

注于通信、信息领域的新技术、新产品的自主研发与生产，并在通信设备及解决方案方面实现了规模销售的公司。

公司冲击资本市场的目标十分明确：借力新三板，伺机转板A股。2007年底公司挂牌中关村新三板后，股东惜售，创下半年的无交易记录，一直伺机申报IPO。终于，公司在2008年4月10日第一次向监管机构递交中小板IPO上市申请，并于当年10月10日被证监会正式受理。不巧的是，正好赶上当年年底的新股发行暂停，佳讯飞鸿的中小板上市之路就此搁置。

2009年5月，IPO开闸，佳讯飞鸿再度开启IPO，但是上市地点从中小板转至创业板，并于2011年3月22日获得上市核准，此轮IPO实际募集资金高达4.62亿元。

在佳讯飞鸿之前，中关村新三板已经有久其软件、北陆药业、世纪瑞尔三家公司成功登陆A股，因此，作为新三板成功IPO上市的第四家企业，佳讯飞鸿的上市之路备受关注。其中，最受关注的莫过于公司在新三板挂牌的四年时间里只完成了一笔交易，即2008年6月17日一笔3万股的单子在盘中挂出，股价从1元/股增至9.8元/股成交。

IPO咨询机构前瞻投资顾问认为，在中关村新三板上交易如此清淡的原因可能在于，该公司股东相当看好未来的发展前景，自身资金也很充足，所以不需要通过市场进行融资，从这一点更可以窥见其意在瞄准A股的勃勃野心。因此，佳讯飞鸿的顺利转板，常常被视为成功利用新三板作为IPO跳板的典型代表。

5. 深耕电子商务法检细分市场：华宇软件

北京紫光华宇软件股份有限公司，简称华宇软件（300271），是一家以软件与信息服务为主营业务的信息技术企业，2006年8月在中关村科技园区股份报价转让系统挂牌，2011年4月18日IPO首发获得通过。

然而，华宇软件上市之初承担着巨大的舆论压力。华宇软件正是深交所上市公司"紫光股份"当年的募投项目之一，华宇软件设立时，紫光股份持股比例为65%，紫光股份软件中心总经理邵学持股比例5%。经过几次股权转让后，紫光股份低价退出，邵学则成为紫光华宇实际控制人。最终，华宇软件力排众议，于2011年10月26日完成创业板IPO，顺利募集5.15亿元资金。

对于公司未来的发展前景，前瞻投资顾问认为，信息化与第一、第二、第三产业的有效融合是未来的发展趋势，在这一过程当中，研发能力突出、市场份额占有欲强、扩张积极的公司将会胜出。

而华宇软件未来的发展重点正是基于云计算的电子政务，且已经在法院、检察院细分领域取得较为稳固的市场地位，预计随着业务的进一步拓展，公司电子政务市场的占用率将进一步上升。

6. 搭乘医改便车成功闯关创业板：博晖创新

北京博晖创新光电技术股份有限公司，简称博晖创新（300318），是一家专门从事临床人体元素分析检测系列产品的研发、生产、销售以及售后服务的高新技术企业，于2012年5月在创业板上市，发行价格为15元，实际募资3.84亿元。而博晖创新在中关村新三板停止挂牌前的价格为7元/股，此次转板创业板之后，发行价较之前已经翻倍。实际上，早在2010年1月26日，该公司第一次冲击IPO时遭否，原因可能与"突击入股"有关，2011年再次重启IPO，可见其对接资本市场的迫切性。

基于多年的产业研究经验，IPO咨询机构前瞻投资顾问认为，博晖创新在未来拥有较大的发展潜力，因为其所在的行业是医疗器械，在医疗体制改革、城镇化建设的推动下，检人群将在未来几年出现较大增长，从而带动人体健康医疗检测市场的发展。加上博晖创新在技术创新、商业模式、销售网络等方面的优势，未来在资本市场的表现是值得期待的。

7. 曾被封创业板"最袖珍"股：东土科技

北京东土科技股份有限公司，简称东土科技（300353），专注于机器与机器之间通信技术的研究，在通信技术中不断融合数据采集技术和控制数据管理技术，为构建工业信息化的智能"神经网络"平台提供解决方案和产品。

2010年12月创业板IPO初次上会时，东土科技曾因其"袖珍"股本广受关注，后因"抗风险能力较弱"折戟。当时发审委共提出了两点质疑：第一，公司在目前阶段抗风险能力较弱，无法对公司的成长性和持续盈利能力做出明确判断；第二，募投项目在技术开发和市场开拓方面面临较大风险，募集资金投资项目与现有生产经营规模不相适应。

首次上会期间，东土科技的"袖珍"业绩的确被业界广泛质疑，媒体报道曾这样描述东土科技的上市：年营业收入不到6700万元，年利润只有

1310.76万元，发行前股东只有2507.05万股，拟发行840万股，这是即将于2010年12月17日在创业板发审会上会的东土科技目前的"身家"。这家中关村新三板挂牌公司或将成为迄今为止"最袖珍"的创业板及A股拟上市公司。

首次冲关失利后，东土科技并未放弃，于2011年8月卷土重来，并于2012年9月27日完成创业板上市发行，合计融资2.37亿元。

IPO咨询机构前瞻投资顾问认为，该公司所属工业以太网交换机行业，准入门槛较高，而该公司进入较早，在国有品牌梯队中处于领先地位。更重要的是，"十二五"期间，国家电网公司智能电网投资将达2861亿元、城市轨道交通投资将达1.64万亿元，这将极大激发工业以太网的市场需求，东土科技未来的业绩增长较为乐观。

实际上，当前转板案例严格意义上不能算是转板，都是通过常规IPO途径上市。预计随着转板制度的完善，2015年将会出现第一个真正意义上的新三板转创业板的个股。新三板有望成为国内A股主板和创业板市场的培育基地，向公开市场源源不断地输送优质上市公司，未来的发展值得期待。

第二节
新三板的展望

2015年以来，新三板一级市场挂牌数量呈井喷式上升，从年初的仅1000多家增加到3500多家。随着配套制度的不断完善和政策利好，新三板市场吸引着大批企业前来融资。作为中国多层次资本市场的一个组成部分，新三板正逐渐发挥着为中小企业提供融资渠道的重要功能。

一、新三板存在意义

新三板市场的出现不仅为中小企业提供新的融资思路，也为证券公司、会计事务所、律师事务所等中介机构拓宽了业务范畴，增加了新的利润增长点。

1. 对于企业的意义

（1）融资市场快速拓展。由于在新三板挂牌门槛较低，在很大程度上缓解了我国中小企业融资难的困境，缓解了暂时的资金紧缺问题。

（2）规范财务及管理。按照上市标准，对企业的财务状况、日常运营、资本负债等方面进行规范，帮助企业在合法合规的框架内持续经营。这对企业的整体水平是一次很大的提升。

（3）宣传作用。在股转系统挂牌对企业来讲是一种无形的宣传，有利于提升公司形象和知名度。

2. 对当地政府的意义

当地企业在新三板挂牌，需要对其财务进行合规梳理，会在一定程度上增加纳税额。对地方政府而言，这无疑是利好的事情。增加税收会带来诸多好处，包括解决地方财政问题，降低地方政府债风险水平，拉动就业、消费等。

二、新三板——中国的纳斯达克

新三板是继上交所、深交所之后由国务院批准设立、证监会统一监管的第三家全国性股权交易场所，其制度设计完全按照美国纳斯达克市场的特点进行，采取备案制、不人为设置门槛、不替投资者进行实质判断，企业能否上市融资完全交给市场衡量。

就新三板企业退出制度而言，目前新三板采用做市商制度，交易活跃度大大提高，并产生良好的流动性，进而解决了市盈率低的问题。企业估值提高，因此企业并非一定要转向主板、中小板或创业板，完全可以根据企业自己的实际情况进行选择。因为自身的制度设计，新三板将有极大的发展空间，有望成为中国真正的纳斯达克。

三、"竞价交易+分层管理"的发展构想

根据股转系统数据统计，2014年新三板总市值增加了4倍，预计接下来的一年更会成井喷式上涨。新三板市场从向全国扩容以来，挂牌公司数量急剧增

加。据全国中小企业股份转让系统的最新统计数据显示，截至2014年12月31日，新三板挂牌企业总市值已达到4591.42亿元，比去年年末增长542%；融资金额超过107.78亿元，是去年全年的10多倍。在新三板挂牌的企业数量上，更是相比2013年年末，增长了249%，达到了1572家。虽然数据变化惊人，但是我们认为，2015年才是新三板的真正爆发期。

据相关机构提供的数据显示，目前券商已经签约的等待上市的新三板公司已经超过3500家，这个数字毫无疑问已经超越了2014年1000多家的水平。随着企业数量的迅速膨胀，股转系统内部企业的分化也越来越明显，从而导致挂牌企业良莠不齐，有可能会增大投资人的投资风险。

据公开数据统计，2013年度营业收入超过3000万元的企业在市场内占比8.98%，营业收入在1000万元以下的占比7.82%。其中营业收入最高的银丰棉花（831029）在2013年总收入超过75亿元，而最低的东宝亿通（430044）营业收入仅有6.8万元。挂牌企业的每年净利润也是相差甚远，有将近10%的企业面临亏损，净利润达到千万元级别的企业仅占总数量的27%左右。针对此类现象，新三板市场亟待出台分层管理制度，对不同级别的企业进行分类管理和监督。计划将挂牌公司分为三个层级，每个层级对应不同的交易制度。类似于金字塔形状，最上一层的市场企业数量最少，但质量最高；越往下层级市场公司数量越大，但质量在下降。这为新三板市场提供了系统清晰的市场结构，将有利于投资中介更好地开展业务，帮助投资者筛选合适的投资标的。

除此之外，新三板市场竞价交易方式已经提上日程，有望在不远的将来择机推出。如果该细则成功落地，会吸引更多的投资者，会给目前并不活跃的新三板交易市场注入新的活力。

四、适当降低个人投资者准入门槛

由于新三板挂牌上市门槛较低，挂牌企业出现良莠不齐的现象，这就要求投资者具备一定的专业知识和风险承受能力，能够对相关行业背景、企业市场竞争优势、盈利模式和未来发展前景等方面进行全面深入的研究，做出正确投资选择。因此，为控制风险，新三板市场目前对于自然人投资者的要求是"本人名下前一日交易日日终证券类资产市值500万元人民币以上；且具有两年以上证券投资经验，或具有会计、金融、投资、财经等相关专业背景或培训经历"。这一要求使得很多投资者没有在新三板投资的资格，限制了注入市场的资金来源。但投资者门槛也不宜过度放开，因为多数非理性投资者无法承受企业快速成长过程中伴随的高风险。像前文提到的，如果新三板的分层管理制度成功出台，将极大地降低投资者进行股权投资面临的风险。风险承受能力小的投资者，可以投资那些高质量的企业。由此看来，降低投资者门槛的现实条件正在逐步具备。

五、非券商机构参与做市开闸

2014年6月初全国股份转让系统发布的《全国中小企业股份转让系统做市商做市业务管理规定（试行）》（以下简称《做市管理规定》）明确，证券公司在全国股份转让系统开展做市业务前，应具备证券自营业务资格；设立做市业务专门部门，配备开展做市业务必要人员；建立做市业务管理制度；具备做市业务专用技术系统等诸多条件，并向全国股份转让系统公司申请备案。其他机构在全国股份转让系统开展做市业务的详细的、具有可操作性的具体业务规则，由全国股份转让系统公司另行制定。

按照规定，每只做市股票均须有两家或两家以上的做市商，随着做市股票的增加，新三板市场对做市商扩围已迫在眉睫。2014年12月末，证监会发布通知，进一步明确了证券经营机构参与全国股转系统业务的有关事项，扩大了可以参与新三板做市业务的队伍。除了券商之外，基金管理公司子公司、期货公司子公司、证券投资咨询机构、私募、甚至资产管理公司等其他金融机构经证监会备案后，都可以在新三板开展做市业务。同时，开展做市业务的机构实缴注册资本应不低于1亿元，财务状况稳健，且具有与开展做市业务相适应的人员、制度和信息系统。由此，更多的金融中介机构，包括基金公司、期货公司都可以入场，参与到新三板股票交易中来。证券投资咨询机构也可以开展推荐、做市业务。券商牌照的垄断地位受到威胁，市场上金融机构竞争更激烈，这有利于更加完善的新三板市场体系的形成。

六、转板制度有望落地

转板制度是企业在新三板挂牌上市的重要动机之一，向来受到各方的高度关注。随着新三板市场制度的日益成熟，《证券法》相关细则的完善和证券发行制度的进一步改革，转板制度有望尽早落地。转板机制的推出也意味着新三板市场将面临优质资源流失的风险。所以，新三板市场也应该考虑提升市场包容性和弹性，在一定程度上留住优质企业，真正达到为我国中小企业服务的设计初衷。

畅通的转板机制和渠道无论对企业发展还是建立成熟的多层次资本市场都具有重要意义。为满足要求的企业提供自由选择资本市场的机会是一个国家资本市场走向成熟的标志之一。

七、监管层适当放宽审核尺度

2014年9月末，申请了推荐公司股票、在新三板挂牌的主办券商都接到了股转公司新的《关于××××股份有限公司挂牌申请文件的反馈意见》，此次是这一批挂牌公司接到的第一轮反馈报告，报告并没有针对个体公司的具体情况进行反馈，所有反馈都一致。据华东地区的券商人士分析指出，本次反馈报告有几处重点信息：首先，要再次汇报公司基本信息，这部分根据公司基本信息相应填写即可；其次，需要质控部门针对本次督查发现的问题进行说明，同时做好整改报告；最后，要求说明推荐挂牌部门人员在接到反馈后做了哪些工作，并要求说明质控或内核人员做了哪些工作。另外，股转系统明确要求本次反馈回复做到过程留痕、事实翔实、披露充分、意见明确，并要求券商督促项目成员按照尽调过程描述、实事列式、依法合理分析过程、结论性意见、补充披露情况等五步骤开展反馈回复工作。也就是说，主板券商要先进行内部自查。这类似于当年的IPO自查。只是，IPO只针对财务核查，而本次新三板则是全方位核查，大大增加了券商的工作量。需要指出的是，反馈要求中多次出现"请主办券商核查……并对……发表明确意见"的格式，这意味着券商必须进行核查并且发表意见，而发表明确意见就意味着要承担法律责任。

此外，就以往的推荐报告而言，券商只是发表推荐意见，很多反馈意见都是口头问询，反馈材料交上去后，只要申请挂牌的企业符合挂牌资格，马上就可以挂牌。而现在，股转系统对券商有了进一步的要求，明确指出主办券商项目组的行业分析师应结合公司实际经营、中介机构尽调内核等情况，也可引用券商的行业研究部门或机构对公司出具的投资价值分析意见，对申请挂牌的公司进行分类并就投资价值发表意见，对企业质量有了进一步的要求，无疑导致了审核效率大大降低。

笔者认为，适当提高审核标准对于维护资本市场的稳健发展当然是好事，这将促使主办券商加强内部质量控制，强化质控部门的督查内审机制，督促项目组重视并积极落实内核提出的信息披露问题，提高信息披露质量，进而保证市场健康发展。然而，新三板还处于新生期，处于快速发展的阶段，是一个极具探索意义的价值洼地，因此，还是建议监管层适当放宽审核环境，为我国中小微企业的成长发展提供更为广阔的、宽松的环境。

八、新三板注册制可期

新三板区别于主板主要在于，新三板对挂牌企业不设财务标准，完全以信息披露为核心，在已经挂牌的1000多家公司当中，营业收入5000万元的公司占比48.8%，净利润500万元的公司占比56.8%，没有盈利和亏损的企业只占20%。这充分体现了注册制改革的精神，不设财务门槛不仅没有降低市场质量，反而使市场发展处于比较稳定的状态。

我国企业上市难不是上市门槛高低而是门缝宽窄的问题，即上市节奏问题。新三板实行注册制，监管层会在存在红线的情况下，对申请新三板挂牌企业的准入门槛有所放松，并加速优质企业的上市速度，革新新三板顶层设计，拓宽中小企业融资渠道。进一步讲，未来推行的注册制改革如不能解决上市节奏，就不是严格意义上真正的注册制。

注册制主要需要从三个方面进行改革：一是放开上市节奏，并且降低上市门槛；二是完善挂牌企业退市制度，变相提高上市企业质量。退市标准不应局限在财务指标上，而是综合交易量和交易价格等市场指标。目前，退市制度采取的指标过于宽松，企业可以轻松规避。

九、新三板指数有望推出

在转板制度落地的同时，新三板市场指数也会推出。据全国中小企业股份转让系统有关人士表示，目前公司正根据股转系统指数体系建设整体规划要求，确定主要指数编制与运营管理方案，预计将在2015年1月份正式推出。但是考虑到新三板交易的连续性问题，能否体现涨势情况仍不确定。

此外，首批推出的主指数将以市场表征功能为核心，并且考虑可投资性。同时，考虑到做市股票的交易较为频繁，活跃度高，拟同时推出做市股票指数。

十、保荐付费创新

新三板对挂牌企业没有财务要求，很多企业无论在挂牌前还是挂牌后均处于亏损状态。对盈利情况较差的企业来说，动辄过百万元的挂牌费用无疑是一笔不小的开销，券商收费难的问题也一直存在。随着政府补贴的渐渐淡出，1/3的企业在挂牌过程中因资金短缺被淘汰。针对这一问题，证监会在2014年12月26日发布的《关于证券经营机构参与全国股转系统相关业务有关问题的通知》给出了解决办法：允许主办券商探索股权支付、期权支付等新型收费模式，建立与挂牌公司互利共赢的长效激励约束机制。

后 记

近两年，新三板作为"中国版纳斯达克"，从市场规模到各项制度建设都有了较大突破。根据公开市场数据，截至2015年12月底，新三板挂牌企业已经突破5000家，总市值接近25000亿元。在未来，新三板有望发展成为全球范围内大型基础证券市场。

在本书的写作过程中，本书笔者参阅了大量的书籍和文献，书中部分内容和案例很多公开媒体和行业人士都有所研究。在引用的过程中，做了些消化和吸收，当然也加上了自己独到的思考与总结。此外，也浏览了很多互联网信息，参考了互联网上的一些观点和文献，而这些内容在参考文献中无法一一列出。写作本书的目的在于让整个社会更多地关注新三板这个市场，更积极地参与进来，为中国资本市场的发展做出更大贡献。在此对行业相关人士致以崇高的敬意，相信在所有人的共同努力下，新三板市场的明天将会更加美好。

参考文献

[1] 北京市道可特律师事务所，道可特投资管理（北京）有限公司. 直击新三板[M].北京：中信出版社，2010

[2] 陈祥锋. 供应链金融服务创新论[M].上海：复旦大学出版社，2008

[3] 任纪军. 私募股权资本[M]. 北京：中华工商联合出版社，2007

[4] 方少华. 战略咨询[M].2版. 北京：经济管理出版社，2008

[5] 方少华. 中国式风险投资[M]. 北京：企业管理出版社，2010

[6] 成思危. 风险投资在中国[M]. 上海：上海交通大学出版社，2007

[7] 孔淑红. 风险投资与融资[M].北京：对外经济贸易大学出版社，2002

[8] 方少华. 财务尽职调查[M]. 南京：南京大学出版社，2012

[9] 俞业安. 美国股票市场[M]. 合肥：安徽科学技术出版社，2005

[10] 韩志国. 中国资本市场的制度缺陷[M].北京：经济科学出版社，2001

[11] 方少华. 人力资源尽职调查[M].南京：南京大学出版社，2012

[12] 王子雄. 中国民营企业失败原因分析[M]. 北京：中国工人出版社，2004

[13] 杜莹芬. 实现企业跳跃式成长[M]. 北京：民主与建设出版社，2003

[14] 盛立军，郑海滨，夏样芳. 中小民营企业私募融资[M]. 北京：机械工业出版社，2004

[15] 郭亚夫，庞忠甲，费查理. 美国证券市场导览[M]. 北京：学林出版社，2003

[16] 曹国扬. 美国证券市场上市实务[M]. 北京：华夏出版社，2004

[17] 王巍. 第二板市场[M]. 北京：中华工商联合出版社，1999

[18] 方少华. 通过美国P2P平台看我国个人信用体系建设[N]. 上海：证券报，2014-11-26（A5）

[19] 方少华. 新三板为个人投资者带来财富机遇[N]. 上海证券报，2014-12-

10（A5）

[20] 方少华. 牛市来袭，投资者如何选择基金产品[N]. 上海证券报，2015-01-07（A6）

[21] 方少华. 上市公司超募资金投向分析[N]. 上海证券报，2015-01-08（A5）